HSK듣기
중국어
회화

원종민 · 장린자(张玲嘉) 지음

JPLUS
Language Publishing Co.

머리말

본 교재는 중급 수준 이상의 학습자를 대상으로 하며, HSK 청취시험 준비의 기초를 다지는 데 학습의 중점을 두었고, 일상생활 속의 다양한 주제로 청취 연습의 내용을 구성하였다. 본 교재는 체계적이고 효율적인 청취 연습 방법을 통하여 중국어 학습자가 중국어로 의사소통을 하는 과정에서 상대방의 말을 정확하게 파악하고 올바르게 반응을 할 수 있는 능력을 배양하도록 설계되었다. 청취 연습에 있어서 가장 중요한 점은 바로 "어떻게 듣느냐"에 있고 특히 중급 이상의 학습자들은 독학 능력이 관건인데, 중국어 "授人以鱼，不如授之以渔(고기를 주는 것은 고기를 잡는 방법을 가르쳐주는 것만 못하다)"라는 속담이 바로 이 교재의 전체 구조와 특징을 한 마디로 설명하고 있다고 할 수 있다.

중국어 학습열에 편승하여 수많은 한국인들이 업무 혹은 유학을 위하여 중국어를 학습하고 있는 상황에서 업무 목적이나 HSK 자격증 취득을 불문하고 중국어 학습자들은 반드시 우수한 듣기 능력 및 대화 능력을 구비해야 한다. 이에 본 교재는 HSK 3급 및 4급의 문항을 바탕으로 내용을 편집하였기 때문에 학습자들은 HSK 자격증 취득을 중국어 학습의 장기 목표로 설정함과 동시에 말하기와 듣기 능력을 배양할 수 있는 일거양득의 효과를 얻을 수 있다.

학습자들은 우선 에코법(Echo Method)이나 섀도잉(Shadowing) 등의 청취 방법으로 최초 1회 듣기를 진행하고, 본문의 핵심어를 중심으로 회상한 후 교재상의 확인 문제를 통하여 들은 내용을 확인할 수 있다. 만약 들었던 내용이 부정확할 경우 반복 청취를 통하여 본문의 핵심어를 재차 파악한 후 본문의 내용과 어휘를 학습하며, 마지막으로 본문의 핵심표현에 대한 확장 연습을 진행한다.

학습자들은 단문 위주의 다양한 일상생활 속의 주제로 구성된 본문의 듣기 연습을 통하여 청취한 내용의 주제를 빠르게 파악하고 이를 중국인들과 대화하는데 자유롭게 응용할 수 있는 능력을 향상시킨다.

본 교재를 통하여 올바른 청취 습관을 기르고 이를 중국 현지에서의 일상생활 속에서 실천할 수 있도록 모든 중국어 학습자들에게 미력하나마 도움이 되었으면 한다.

序言

　　本书是专为中级水平以上学习者编写的教材，学习重点以HSK听力考试为基础，内容为生活中各种实用主题的听力练习。本书通过系统化的听力训练学习方法，进而使学习者能在汉语交流过程，精确地把握对方的话语并作出适当回应而编写的一本教材。听力练习最重要的便是要"知道怎么听"，而中级以上学习者最重要的就是自学的能力，中国有句老话："授人以鱼，不如授之以渔"，这句话正说明了本书的整体编写构想。

　　随着汉语热的兴起，在韩许多汉语学习者都因为工作或留学而学习汉语，不管是工作或为了通过HSK考试，学习者都需要具备良好的汉语听力和口语能力，因此本教材改写自HSK3-4级考题，以考题文本为听力口语练习的好处是，学习者在学习的过程也能给自己设定取得HSK考试的长期目标，可说是一举两得。学习者可以先听一次课文，运用回音法(Echo Method) 或者跟述法(Shadowing)等听力策略，回想课文的关键词语，用教材上的提问检测自己听得是否正确，如果听得不对可以再反复听课文然后作答，确定掌握课文关键词语之后，进而学习课文与生词，最后是课文重要句型的扩展练习，学习者通过简短、多样化日常生活主题的文本听力练习，可迅速把握听力主旨，还可以将学习到的对话随时应用在与母语者的对话当中。

　　在此希望学习者通过本教材的学习，一点一滴地培养出好的听力习惯，并将此习惯连贯地、持续地实践于汉语日常生活中，最后祝大家学习顺利。

차례

01

休闲生活 여가활동

周末计划
주말계획

 들어보기 🔊 01

1 **请听一遍课文!** 본문의 내용을 들어 봅시다.

2 **课文的主题是什么?** 본문의 주제는?

① 周末   ② 大学   ③ 天气

3 녹음을 듣고 주어진 단어가 들어있는지 확인해보세요.

	O	X
① 一般	☐	☐
② 上网	☐	☐
③ 排球	☐	☐
④ 参加	☐	☐

답 2. ① 3. O, O, X, O

본문 확인하기

周末你一般做什么呢?
Zhōumò nǐ yìbān zuò shénme ne?

在家听听音乐，上上网，天气好的话也去踢足球。
Zài jiā tīng ting yīnyuè, shàngshang wǎng, tiānqì hǎo de huà yěqù tī zúqiú.

是吗? 你会踢足球?
Shì ma? Nǐ huì tī zúqiú?

当然了，大学的时候我还代表学校参加比赛呢！
Dāngrán le, dàxué de shíhou wǒ hái dàibiǎo xuéxiào cānjiā bǐsài ne!

단어 익히기

① 一般 yìbān 부 일반적이다. 보통이다
② 音乐 yīnyuè 명 음악
③ 上网 shàng wǎng 동 인터넷 하다
④ 足球 zúqiú 명 축구
⑤ 代表 dàibiǎo 동 대표하다
⑥ 参加 cānjiā 동 참가하다
⑦ 比赛 bǐsài 명 시합. 경기

周末你一般做什么呢? 주말에 보통 무엇을 하세요?

看电影 kàn diànyǐng 영화를 보다   # 看电视剧 kàn diànshìjù 드라마를 보다
看书 kàn shū 책을 보다   # 看画展 kàn huàzhǎn 그림전시회를 보다

寒假计划

겨울방학계획

DATE   /

  들어보기 🔊 02

1   请听一遍课文!   본문의 내용을 들어 봅시다.

2   课文的主题是什么? 본문의 주제는?

① 暑假   ② 寒假   ③ 春假

3   녹음을 듣고 주어진 단어가 들어있는지 확인해보세요.

	O	X
① 暑假	☐	☐
② 旅游	☐	☐
③ 打算	☐	☐
④ 商人	☐	☐

답 2. ② 3. X, O, O, X

본문 확인하기

马上要放寒假了，你有什么特别的计划吗？

Mǎshàng yào fàng hánjià le, nǐ yǒu shénme tèbié de jìhuà ma?

我们班可能要组织大家一起去旅游。

Wǒmen bān kěnéng yào zǔzhī dàjiā yìqǐ qù lǚyóu.

真好，你们打算去哪儿？

Zhēn hǎo, nǐmen dǎsuan qù nǎr?

我们还没商量好到底去哪里呢。

Wǒmen hái méi shānglianghǎo dàodǐ qù nǎ li ne.

 단어 익히기

① 寒假 hánjià 명 겨울방학

② 计划 jìhuà 명 계획. 작정. 방안

③ 组织 zǔzhī 동 조직하다. 구성하다

④ 旅游 lǚyóu 동 여행하다

⑤ 打算 dǎsuan 동 ~하려고 하다. 계획하다

⑥ 商量 shāngliang 동 상의하다. 의논하다

⑦ 到底 dàodǐ 부 도대체

你们打算去哪儿? (당신들은) 어디로 갈 계획이에요?

‖ 去丽江 qù Lìjiāng 리장에 가다   ‖ 去西湖 qù Xīhú 서호에 가다

‖ 去九寨沟 qù Jiǔzhàigōu 구채구에 가다   ‖ 去张家界 qù Zhāngjiājiè 장가계에 가다

爱好

취미

 들어보기 🔊 03

1 请听一遍课文!   본문의 내용을 들어 봅시다.

2 课文的主题是什么? 본문의 주제는?

① 看书   ② 健康   ③ 爱好

3 녹음을 듣고 주어진 단어가 들어있는지 확인해보세요.

	O	X
① 爱好	☐	☐
② 没空	☐	☐
③ 电视	☐	☐
④ 一起	☐	☐

답 2. ③ 3. O, X, X, O

본문 확인하기

小李，你有哪些爱好?
Xiǎo Lǐ, nǐ yǒu nǎ xiē àihào?

我喜欢运动，特别喜欢打网球。
Wǒ xǐhuan yùndòng, tèbié xǐhuan dǎ wǎngqiú.
有空的话也跟朋友一起踢踢足球。你呢?
yǒu kòng de huà yě gēn péngyou yìqǐ tīti zúqiú.　　Nǐ ne?

我不太喜欢晒太阳，所以不爱运动。我喜欢看书、看电影。
Wǒ bú tài xǐhuan shài tàiyáng, suǒyǐ bú ài yùndòng. Wǒ xǐhuan kàn shū, kàn diànyǐng.

我也喜欢看电影，下次一起去吧。
Wǒ yěxǐhuan kàn diànyǐng, xiàcì yìqǐ qù ba.

단어 익히기

① 爱好 àihào 명 취미
② 运动 yùndòng 명 운동 통 운동하다
③ 有空 yǒu kòng 시간이 있다. 틈이 나다
④ 晒 shài 통 햇볕을 쬐다
⑤ 太阳 tàiyáng 명 태양
⑥ 电影 diànyǐng 명 영화
⑦ 一起 yìqǐ 부 함께

你有哪些爱好? 당신은 어떤 취미들이 있어요?
下棋 xiàqí 바둑을 두다
摄影 shèyǐng 사진을 찍다
跳舞 tiàowǔ 춤추다
弹吉他 tàn jítā 기타를 치다

4 锻炼身体

신체단련

DATE   /

  들어보기 🔊 04

1 请听一遍课文!   본문의 내용을 들어 봅시다.

2 课文的主题是什么? 본문의 주제는?

① 上班   ② 锻炼身体   ③ 踢足球

3 녹음을 듣고 주어진 단어가 들어있는지 확인해보세요.

          O   X

① 胖   ☐ ☐

② 锻炼   ☐ ☐

③ 厉害   ☐ ☐

④ 健康   ☐ ☐

답 2. ② 3. X, O, O, O

你是不是瘦了？看起来也特别有精神。
Nǐ shì bu shì shòu le?　Kàn qǐlái yě tèbié yǒu jīngshen.

 是吗？我每天上班前都花一个小时去锻炼身体。
Shì ma?　Wǒ měitiān shàngbān qián dōu huā yí ge xiǎoshí qù duànliàn shēntǐ.

 那每天都得早起，你真厉害！
Nà měi tiān dōu děi zǎoqǐ,　nǐ zhēn lìhai!

 这都是为了健康啊。
Zhè dōu shì wèi le jiànkāng a.

✓ 단어 익히기

① 瘦 shòu 〔형〕 마르다

② 精神 jīngshen 〔형〕 활기차다. 생기발랄하다

③ 花 huā 〔동〕 (시간, 돈을)소비하다

④ 锻炼 duànliàn 〔동〕 (몸을)단련하다

⑤ 厉害 lìhai 〔형〕 대단하다

⑥ 为了 wèi le 〔개〕 ~을(를) 위해서

⑦ 健康 jiànkāng 〔명〕 건강

🔍 你是不是瘦了？ 당신 살 빠졌죠?

\# 胖 pàng 뚱뚱하다　　　　　\# 长高 zhǎnggāo 키가 크다

\# 晒黑 shàihēi 햇볕에 타다　　\# 变白 biànbái 하얘지다

15

爬山

등산

DATE   /

들어보기 🔊 05

1 请听一遍课文!   본문의 내용을 들어 봅시다.

2 课文的主题是什么?   본문의 주제는?

① 爬山   ② 走路   ③ 早起

3 녹음을 듣고 주어진 단어가 들어있는지 확인해보세요.

	O	X
① 爬得动	☐	☐
② 力气	☐	☐
③ 休息	☐	☐
④ 一下子	☐	☐

답 2. ① 3. X, O, O, X

等等我，我实在爬不动了。
Děngdeng wǒ, wǒ shízài pá bu dòng le.

 真的没力气了？
Zhēn de méi lìqi le?

 我们先休息休息，一会儿再继续吧。
Wǒmen xiān xiūxi xiūxi,　　yíhuìr　zài　jìxù　ba.

 马上就要到山顶了呢。
Mǎshàng jiùyào dào shāndǐng le ne.

 단어 익히기

① 实在 shízài 톤 확실히. 정말

② 爬不动 pá bu dòng 올라갈 수 없다

③ 力气 lìqi 명 힘. 기력

④ 休息 xiūxi 동 휴식하다

⑤ 继续 jìxù 동 계속하다

⑥ 马上 mǎshàng 톤 곧. 즉시

⑦ 山顶 shāndǐng 명 산꼭대기. 정상

马上就要到山顶了。곧 산 정상에 도착할 거예요.

\# 家 jiā 집   \# 公司 gōngsī 회사
\# 济州岛 Jǐzhōudǎo 제주도   \# 中国 Zhōngguó 중국

02

日常话题 일상 대화 주제

择偶标准

배우자를 선택하는 기준

DATE   /

 들어보기   🔊 06

1   **请听一遍课文!**   본문의 내용을 들어 봅시다.

2   **课文的主题是什么?**   본문의 주제는?

① 择偶标准   ② 工作   ③ 学校

3   녹음을 듣고 주어진 단어가 들어있는지 확인해보세요.

	O	X
① 女朋友	☐	☐
② 幽默	☐	☐
③ 乱	☐	☐
④ 高兴	☐	☐

답 2. ①   3. X, O, O, X

我希望我的男朋友又高又帅，而且非常幽默。
Wǒ xīwàng wǒ de nán péngyou yòu gāo yòu shuài, érqiě fēicháng yōumò.

 你说的是我吗？
Nǐ shuō de shì wǒ ma?

 你别乱说话。
Nǐ bié luàn shuō huà.

 我只是开玩笑的，别生气啊。
Wǒ zhǐshì kāi wánxiào de, bié shēngqì a.

 단어 익히기

① 希望 xīwàng 동 희망하다. 바라다

② 男朋友 nán péngyou 명 남자 친구

③ 帅 shuài 형 잘생기다

④ 幽默 yōumò 형 유머러스하다. 유머감각이 있다

⑤ 乱 luàn 부 함부로. 제 멋대로

⑥ 开玩笑 kāi wánxiào 농담하다

⑦ 生气 shēngqì 동 화내다. 성내다

我希望我的男朋友又高又帅，而且非常幽默。
저는 제 남자친구가 키도 크고, 잘생기고, 거기에다 아주 유머감각이 있기를 바래요.

＃ 谦虚 qiānxū 겸손하다 　　＃ 大方 dàfāng (언행이)시원시원하다. 대범하다

＃ 有责任感 yǒu zérèngǎn 책임감이 있다 　　＃ 有上进心 yǒu shàngjìnxīn 성취욕이 있다

减肥
다이어트

DATE /

들어보기
🔊 07

1 **请听一遍课文!** 본문의 내용을 들어 봅시다.

2 **课文的主题是什么?** 본문의 주제는?

① 健康   ② 减肥   ③ 睡觉

3 녹음을 듣고 주어진 단어가 들어있는지 확인해보세요.

	O	X
① 经常	☐	☐
② 减肥	☐	☐
③ 辛苦	☐	☐
④ 瘦	☐	☐

답 2. ② 3. X, O, O, O

你最近瘦了很多!

Nǐ zuìjìn shòu le hěn duō !

我真的瘦了吗? 我正在减肥。

Wǒ zhēn de shòu le ma? Wǒ zhèngzài jiǎnféi.

我还以为你工作太辛苦了呢。

Wǒ hái yǐwéi nǐ gōngzuò tài xīnkǔ le ne.

不是, 我以前太胖了。

Bú shì,   wǒ yǐqián tài pàng le.

단어 익히기

① 最近 zuìjìn 명 최근

② 正在 zhèngzài 마침~하고 있는 중이다

③ 减肥 jiǎnféi 동 다이어트하다

④ 以为 yǐwéi 동 여기다. 생각하다

⑤ 辛苦 xīnkǔ 형 고생스럽다. 수고스럽다

⑥ 以前 yǐqián 명 과거. 이전

⑦ 胖 pàng 형 뚱뚱하다

我正在减肥。 저는 지금 다이어트 중이에요.

＃ 学汉语 xué Hànyǔ 중국어를 배우다   ＃ 学吉他 xué jítā 기타를 배우다

＃ 学电脑 xué diànnǎo 컴퓨터를 배우다

开车

운전

DATE   /

  🔊 08

1   **请听一遍课文!**   본문의 내용을 들어 봅시다.

2   **课文的主题是什么?**   본문의 주제는?

① 骑摩托车   ② 骑自行车   ③ 开车

3   녹음을 듣고 주어진 단어가 들어있는지 확인해보세요.

	O	X
① 危险	☐	☐
② 慢	☐	☐
③ 开车	☐	☐
④ 方便	☐	☐

📖 2. ③ 3. O, O, X, X

本문 확인하기

危险！你开得太快了。
Wēixiǎn! Nǐ kāi de tài kuài le.

好吧，好吧，我开慢点儿。
Hǎo ba, hǎo ba, wǒ kāi màn diǎnr.

你马上停车，我来开。
Nǐ mǎshàng tíng chē, wǒ lái kāi.

你怎么这样啊? 这里不能随便停车的。
Nǐ zěnme zhèyàng a? Zhèli bù néng suíbiàn tíng chē de.

단어 익히기

① 危险 wēixiǎn 휑 위험하다
② 快 kuài 휑 빠르다
③ 慢 màn 휑 느리다
④ 停车 tíng chē 통 주차하다. 차를 세우다
⑤ 随便 suíbiàn 휑 마음대로 하다

🔍 你开得太快了。 당신은 너무 빠르게 운전해요.

\# 说 shuō 말하다   \# 吃 chī 먹다
\# 走 zǒu 걷다   \# 看 kàn 보다   \# 变 biàn 변화하다

Part 2 4 看电视
TV시청

들어보기 🔊 09

1 请听一遍课文!　　本문의 내용을 들어 봅시다.

2 课文的主题是什么?　본문의 주제는?

① 看书　　　② 看电视　　　③ 看电影

3 녹음을 듣고 주어진 단어가 들어있는지 확인해보세요.

O　　X

① 早饭　⬜ ⬜

② 吃饭　⬜ ⬜

③ 结束　⬜ ⬜

④ 热　⬜ ⬜

답 2. ② 3. X, O, O, X

26

본문 확인하기

晚饭做好了，来吃饭吧。
Wǎnfàn zuòhǎo le, lái chī fàn ba.

等一下，比赛还有五分钟就结束了。
Děng yí xià, bǐsài hái yǒu wǔ fēnzhōng jiù jiéshù le.

一起吃吧，菜凉了就不好吃了。
Yìqǐ chī ba, cài liáng le jiù bù hǎo chī le.

你先吃，我马上就看完了。
Nǐ xiān chī, wǒ mǎshàng jiù kànwán le.

단어 익히기

① 晚饭 wǎnfàn 몡 저녁밥

② 吃饭 chīfàn 통 밥을 먹다

③ 等 děng 통 기다리다

④ 结束 jiéshù 통 끝나다

⑤ 凉 liáng 혱 차갑다

🔍 我马上就看完了。 저는 곧 있으면 다 봅니다.

＃ 写 xiě 쓰다　　　　　　　　＃ 吃 chī 먹다

＃ 洗 xǐ 씻다　　　　　　　　＃ 做 zuò 하다

看电影
영화보기

DATE   /

 들어보기 🔊 10

1 请听一遍课文!　　　본문의 내용을 들어 봅시다.

2 课文的主题是什么?　본문의 주제는?

　　① 看电影　　　　② 运动　　　　③ 工作

3 녹음을 듣고 주어진 단어가 들어있는지 확인해보세요.

	O	X
① 昨天	☐	☐
② 下班	☐	☐
③ 意思	☐	☐
④ 非常	☐	☐

🔖 2. ①　3. X, O, O, X

前天你去看电影了?
Qiántiān nǐ qù kàn diànyǐng le?

突然想看电影，所以下班后就自己去了。
Tūrán xiǎng kàn diànyǐng, suǒyǐ xiàbān hòu jiù zìjǐ qù le.

怎么样? 有意思吗?
Zěnmeyàng? Yǒu yìsi ma?

不错，我觉得很有意思，有空你也去看看。
Bú cuò, wǒ juéde hěn yǒu yìsi, yǒu kòng nǐ yě qù kànkan.

 단어 익히기

① 前天 qiántiān 명 그저께

② 突然 tūrán 형 갑작스럽다 부 갑자기. 별안간

③ 下班 xiàbān 동 퇴근하다

④ 意思 yìsi 명 재미. 흥미

⑤ 不错 búcuò 형 괜찮다

🔍 **我觉得很有<u>意思</u>。** 내 생각에는 아주 재미있어.

\# 感人 gǎnrén 사람을 감동시키다   \# 无趣 wúqù 재미가 없다

\# 无聊 wúliáo 무료하다   \# 刺激 cìjī 흥분시키다. 자극하다

03

数字 숫자

Part 3
1 数字
숫자

 들어보기 🔊 11

1 请听一遍课文!　　본문의 내용을 들어 봅시다.

2 课文的主题是什么?　본문의 주제는?

① 水果价格　　② 手提包价格　　③ 衣服价格

3 녹음을 듣고 주어진 단어가 들어있는지 확인해보세요.

　　　　　　　　　O　　X

① 水果　　　☐　☐

② 别的　　　☐　☐

③ 新鲜　　　☐　☐

④ 全部　　　☐　☐

香蕉多少钱一斤?
Xiāngjiāo duōshao qián yì jīn?

5块一斤，您要多少? 还要别的吗?
Wǔ kuài yì jīn, nín yào duōshao? Hái yào bié de ma?

苹果看起来特别新鲜，那给我三斤香蕉，三斤苹果吧。
Píngguǒ kànqǐlái tèbié xīnxiān, nà gěi wǒ sān jīn xiāngjiāo, sān jīn píngguǒ ba.

好的，一共是27块。
Hǎo de, yígòng shì èr shí qī kuài.

Part 3

 단어 익히기

① 香蕉 xiāngjiāo 명 바나나

② 斤 jīn 양 근(500g)

③ 别的 bié de 다른 것

④ 苹果 píngguǒ 명 사과

⑤ 特别 tèbié 부 특히. 아주

⑥ 新鲜 xīnxiān 형 신선하다

⑦ 一共 yígòng 부 전부. 모두

香蕉多少钱一斤? 바나나 한 근에 얼마예요?

♯ 西瓜 xīguā 수박   ♯ 芒果 mángguǒ 망고

♯ 木瓜 mùguā 파파야   ♯ 草莓 cǎoméi 딸기

电话号码

전화번호

 들어보기 🔊 12

1 请听一遍课文!   본문의 내용을 들어 봅시다.

2 课文的主题是什么? 본문의 주제는?

① 电脑密码   ② 电话号码   ③ 手机密码

3 녹음을 듣고 주어진 단어가 들어있는지 확인해보세요.

	O	X
① 打算	☐	☐
② 手机号码	☐	☐
③ 告诉	☐	☐
④ 记得	☐	☐

답 2. ② 3. X, O, O, X

Part 3

上次我给你打电话你怎么没接呢?
Shàng cì wǒ gěi nǐ dǎ diànhuà nǐ zěnme méi jiē ne?

你什么时候给我打电话了? 我换手机号码了。
Nǐ shénme shíhou gěi wǒ dǎ diànhuà le? Wǒ huàn shǒujī hàomǎ le.

怎么不告诉我一下? 你新的电话号码是多少?
Zěnme bú gàosu wǒ yí xià? Nǐ xīn de diànhuà hàomǎ shì duōshao?

我新的号码是18835572332。
Wǒ xīn de hàomǎ shì yāo bā bā sān wǔ wǔ qī èr sān sān èr.

别生气，我太忙就忘了。
Bié shēngqì, wǒ tài máng jiù wàng le.

단어 익히기

① 打电话 dǎ diànhuà　전화를 걸다

② 接 jiē　동 (전화를)받다

③ 换 huàn　동 바꾸다. 변환하다

④ 手机号码 shǒujī hàomǎ　명 휴대폰 번호

⑤ 告诉 gàosu　동 알리다

⑥ 新 xīn　형 새 것의

⑦ 忘 wàng　동 잊다

你怎么没接电话? 당신은 왜 전화를 받지 않았나요?

没吃饭 méi chīfàn 밥을 안 먹었다　# 没带钱 méi dài qián 돈을 안 가져왔다

没买礼物 méi mǎi lǐwù 선물을 안 샀다　# 没去学校 méi qù xuéxiào 학교에 안 갔다

35

日期

날짜

 들어보기 🔊 13

1 **请听一遍课文!** 　본문의 내용을 들어 봅시다.

2 **课文的主题是什么?** 본문의 주제는?

① 出生日期　　　② 开学日期　　　③ 结婚日期

3 녹음을 듣고 주어진 단어가 들어있는지 확인해보세요.

	O	X
① 结婚	☐	☐
② 一定	☐	☐
③ 不会	☐	☐
④ 看	☐	☐

📖 2. ③　3. O, O, X, X

你们结婚的日期选好了吗?
Nǐmen jiéhūn de rìqī xuǎnhǎo le ma?

选好了，六月五号，星期六，你一定要来啊。
Xuǎnhǎo le, liù yuè wǔ hào, xīngqī liù, nǐ yídìng yào lái a.

我肯定会去！
Wǒ kěndìng huì qù!

让叔叔，阿姨也一起来，我很长时间没见他们了。
Ràng shūshu, āyí yě yìqǐ lái, wǒ hěn cháng shíjiān méi jiàn tāmen le.

단어 익히기

① 结婚 jiéhūn 통 결혼하다
② 日期 rìqī 명 날짜. 기일
③ 选 xuǎn 통 선택하다
④ 一定 yídìng 부 반드시. 꼭
⑤ 肯定 kěndìng 부 확실히. 틀림없이
⑥ 让 ràng 통 ~하게 하다
⑦ 见 jiàn 통 만나다. 마주치다

日期选好了吗? 날짜 정했어요?

衣服 yīfu 옷
车子 chēzi 차. 승용차
座位 zuòwèi 좌석
手提包 shǒutíbāo 핸드백

时间 1

시간 1

 들어보기 🔊 14

1 请听一遍课文!　　　본문의 내용을 들어 봅시다.

2 课文的主题是什么?　본문의 주제는?

　① 邮局关门的时间　　② 超市关门的时间　　③ 超市开门的时间

3 녹음을 듣고 주어진 단어가 들어있는지 확인해보세요.

	O	X
① 开门	☐	☐
② 平日	☐	☐
③ 一刻钟	☐	☐
④ 来得及	☐	☐

답 2. ②　3. X, O, O, X

超市几点关门?
Chāoshì jǐ diǎn guānmén?

平日一般9点关门。
Píngrì yìbān jiǔ diǎn guānmén.

还有一刻钟，我去买点儿东西。
Hái yǒu yí kè zhōng, wǒ qù mǎi diǎnr dōngxi.

快去吧，再晚就来不及了。
Kuài qù ba, zài wǎn jiù lái bu jí le.

 단어 익히기

① 超市 chāoshì 몡 슈퍼마켓

② 关门 guānmén 툉 문을 닫다

③ 平日 píngrì 몡 평일

④ 一刻钟 yí kè zhōng 몡 15분

⑤ 来不及 lái bu jí 미치지 못하다. 시간이 맞지 않다

超市几点关门? 슈퍼마켓 몇 시에 문 닫아요?

银行 yínháng 은행 # 饭馆 fànguǎn 식당

咖啡店 kāfēidiàn 커피숍 # 百货公司 bǎihuò gōngsī 백화점

39

时间 2

시간 2

DATE   /

 들어보기 🔊 15

1 请听一遍课文!   본문의 내용을 들어 봅시다.

2 课文的主题是什么?   본문의 주제는?

① 六年   ② 六个星期   ③ 六个月

3 녹음을 듣고 주어진 단어가 들어있는지 확인해보세요.

	O	X
① 可怕	☐	☐
② 记得	☐	☐
③ 习惯	☐	☐
④ 回家	☐	☐

답 2. ① 3. X, O, O, X

上海真是一个可爱的城市!
Shànghǎi zhēnshì yí ge kě'ài de chéngshì!

 我记得你以前很讨厌这儿。
Wǒ jìde nǐ yǐqián hěn tǎoyàn zhèr.

 刚来的时候真的很不习惯。
Gāng lái de shíhou zhēn de hěn bù xíguàn.

 六年过去了，你倒不想离开了。
Liù nián guòqù le, nǐ dào bù xiǎng líkāi le.

 단어 익히기

① 可爱 kě'ài [형] 귀엽다. 사랑스럽다

② 城市 chéngshì [명] 도시

③ 记得 jìde [동] 기억하다

④ 讨厌 tǎoyàn [동] 싫어하다. 미워하다

⑤ 习惯 xíguàn [동] 습관이 되다

⑥ 倒 dào [부] 오히려. 도리어

⑦ 离开 líkāi [동] 떠나다

 上海真是一个<u>可爱</u>的城市! 상해는 정말 사랑스러운 도시예요!

\# 繁忙 fánmáng 일이 많고 바쁘다　　　\# 美丽 měilì 아름답다

\# 现代化 xiàndàihuà 현대화하다　　　\# 国际化 guójìhuà 국제화하다

Part 3

04

学校生活 학교 생활

Part 4
1 我的老师
나의 선생님

DATE   /

 들어보기 ◀)) 16

1 请听一遍课文!　　본문의 내용을 들어 봅시다.

2 课文的主题是什么? 본문의 주제는?

① 我的老师　　　② 我的学校　　　③ 我的同学

3 녹음을 듣고 주어진 단어가 들어있는지 확인해보세요.

　　　　　　　O　　X

① 裤子　　　☐　　☐

② 认识　　　☐　　☐

③ 年轻　　　☐　　☐

④ 开花　　　☐　　☐

답 2. ①　3. X, O, O, X

中间那位穿红色裙子的人是谁?
Zhōngjiān nà wèi chuān hóngsè qúnzi de rén shì shéi?

 你不认识? 她是新来的老师。
Nǐ bú rènshi?　Tā shì xīn lái de lǎoshī.

Part 4

 看起来好年轻啊, 我以为是同学呢。
Kànqǐlái hǎo niánqīng a,　wǒ yǐwéi shì tóngxué ne.

 老师听到你说的话一定很开心。
Lǎoshī tīngdào nǐ shuō de huà yídìng hěn kāixīn.

 단어 익히기

① 中间 zhōngjiān 몡 중간. 사이

② 裙子 qúnzi 몡 치마

③ 认识 rènshi 동 알다. 인식하다

④ 年轻 niánqīng 혱 젊다

⑤ 开心 kāixīn 혱 기쁘다. 즐겁다

 他一定很开心。 그는 반드시 매우 즐거워 할거에요.

\# 紧张 jǐnzhāng 긴장하다　　\# 惊讶 jīngyà 놀랍다. 의아스럽다

\# 难过 nánguò 슬프다. 괴롭다　　\# 激动 jīdòng 감격하다. 감동하다

交作业

과제 제출하기

 들어보기   🔊 17

1 请听一遍课文!   본문의 내용을 들어 봅시다.

2 课文的主题是什么？   본문의 주제는?

① 交钱   ② 交作业   ③ 交卷子

3 녹음을 듣고 주어진 단어가 들어있는지 확인해보세요.

	O	X
① 拿作业	☐	☐
② 补交	☐	☐
③ 期末成绩	☐	☐
④ 不行	☐	☐

답 2. ②   3. X, O, O, X

小李，你怎么没交作业?
Xiǎo Lǐ, nǐ zěnme méi jiāo zuòyè?

对不起，明天我会补交的。
Duì bu qǐ, míngtiān wǒ huì bǔ jiāo de.

迟交作业对你的期末成绩有很大的影响!
Chí jiāo zuòyè duì nǐ de qīmò chéngjì yǒu hěn dà de yǐngxiǎng!

对不起，我再也不敢了。
Duì bu qǐ, wǒ zài yě bùgǎn le.

 단어 익히기

① 交 jiāo 图 제출하다

② 补交 bǔ jiāo 图 추가로 제출하다

③ 迟 chí 형 늦다. 지각하다

④ 期末成绩 qīmò chéngjì 명 기말성적

⑤ 影响 yǐngxiǎng 명 영향

⑥ 不敢 bùgǎn 图 감히 …하지 못하다

你怎么没交作业? 너는 왜 과제를 제출하지 않았니?

\# 知道 zhīdao 알다

\# 来 lái 오다

\# 说谎 shuōhuǎng 거짓말하다

\# 忘 wàng 잊어먹다. 잊다

听课
수업듣기

 들어보기 🔊 18

1 请听一遍课文!   본문의 내용을 들어 봅시다.

2 课文的主题是什么? 본문의 주제는?

① 老师   ② 迟到   ③ 听课

3 녹음을 듣고 주어진 단어가 들어있는지 확인해보세요.

	O	X
① 一直	☐	☐
② 下课	☐	☐
③ 工作	☐	☐
④ 堂	☐	☐

답 2. ③ 3. O, O, X, X

你怎么一直在看表?
Nǐ zěme yìzhí zài kàn biǎo?

我想快点儿下课。
Wǒ xiǎng kuài diǎnr xià kè.

你有什么重要的事情吗?
Nǐ yǒu shénme zhòngyào de shìqing ma?

没有，我对这门课不感兴趣。
Méi yǒu, wǒ duì zhè mén kè bù gǎn xìngqù.

Part 4

단어 익히기

① 一直 yìzhí 图 줄곧. 계속

② 表 biǎo 명 시계

③ 下课 xiàkè 동 수업이 끝나다

④ 重要 zhòngyào 형 중요하다

⑤ 事情 shìqing 명 일. 사건

⑥ 门 mén 양 과목을 세는 단위

⑦ 感兴趣 gǎn xìngqù 관심이 있다. 흥미가 있다

我对这门课不感兴趣。 저는 이 과목에 흥미가 없어요.

＃ 艺术 yìshù 예술 ＃ 棒球 bàngqiú 야구

＃ 旅游 lǚyóu 여행 ＃ 电影 diànyǐng 영화

49

Part 4

4 在图书馆

도서관에서

 들어보기 🔊 19

DATE   /

1 **请听一遍课文!**　　본문의 내용을 들어 봅시다.

2 **课文的主题是什么?**　본문의 주제는?

① 在健身房　　　② 在图书馆　　　③ 在宿舍

3 녹음을 듣고 주어진 단어가 들어있는지 확인해보세요.

	O	X
① 课本	☐	☐
② 学生证	☐	☐
③ 多长时间	☐	☐
④ 可以	☐	☐

📖 **2.** ② **3.** X, O, O, X

你好，我想借这本书。
Nǐ hǎo, wǒ xiǎng jiè zhè běn shū.

好的，请给我看一下你的学生证。
Hǎo de, qǐng gěi wǒ kàn yí xià nǐ de xuéshēngzhèng.

我可以借多长时间？
Wǒ kěyǐ jiè duōcháng shíjiān?

这本书已经有人预约了，只能借两个星期。
Zhè běn shū yǐjīng yǒu rén yùyuē le, zhǐnéng jiè liǎng ge xīngqī.

 단어 익히기

① 借 jiè 동 빌리다

② 书 shū 명 책

③ 学生证 xuéshēngzhèng 명 학생증

④ 多长 duōcháng 얼마나 오래

⑤ 已经 yǐjīng 부 이미

⑥ 预约 yùyuē 동 예약하다

⑦ 只能 zhǐnéng ～할 수밖에 없다

我想借这本书。 저는 이 책을 빌리고 싶어요.

＃ 买机票 mǎi jīpiào 비행기표를 사다 ＃ 预订房间 yùdìng fángjiān 방을 예약하다
＃ 点餐 diǎn cān (요리를)시키다 ＃ 喝咖啡 hē kāfēi 커피를 마시다

51

运动
운동

DATE   /

  ◀)) 20

1 **请听一遍课文!**   본문의 내용을 들어 봅시다.

2 **课文的主题是什么?** 본문의 주제는?

① 运动   ② 约会   ③ 吃饭

3 녹음을 듣고 주어진 단어가 들어있는지 확인해보세요.

	O	X
① 手	☐	☐
② 跑步	☐	☐
③ 羽毛球	☐	☐
④ 奇怪	☐	☐

답 2. ① 3. X, O, X, O

我的腿好疼啊。
Wǒ de tuǐ hǎo téng a.

是吗? 你昨天跑步了?
Shì ma? Nǐ zuótiān pǎobù le?

没有，我和同学们去打篮球了。
Méi yǒu, wǒ hé tóngxuémen qù dǎ lánqiú le.

那就不奇怪了，你太长时间没运动了。
Nà jiù bù qíguài le, nǐ tài cháng shíjiān méi yùndòng le.

✓ 단어 익히기

① 腿 tuǐ 몡 다리

② 疼 téng 됭 아프다

③ 跑步 pǎobù 됭 달리기 하다

④ 篮球 lánqiú 몡 농구

⑤ 奇怪 qíguài 혱 이상하다. 의아하다

我的<u>腿</u>好<u>疼</u>啊。 제 다리가 너무 아파요.

\# 腰酸 yāosuān 허리가 쑤시다   \# 头疼 tóuténg 머리가 아프다

\# 牙疼 yáténg 치아가 아프다   \# 胃痛 wèitòng 위가 아프다

05

生日 생일

들어보기　🔊 21

1　请听一遍课文!　　본문의 내용을 들어 봅시다.

2　课文的主题是什么?　본문의 주제는?

① 生日　　　　　② 情人节　　　　③ 教师节

3　녹음을 듣고 주어진 단어가 들어있는지 확인해보세요.

	O	X
① 今天	☐	☐
② 听说	☐	☐
③ 前天	☐	☐
④ 这个月	☐	☐

📖 2. ①　3. X, O, O, X

后天是你的生日吧?
Hòutiān shì nǐ de shēngrì ba?

我的生日? 你听谁说的?
Wǒ de shēngrì?　Nǐ tīng shéi shuō de?

小李前天告诉我的，他说你是3月10号生日。
Xiǎo Lǐ qiántiān gàosu wǒ de,　tā shuō nǐ shì sān yuè shí hào shēngrì.

Part 5

不是，我的生日是上个月的10号。
Bú shì,　wǒ de shēngrì shì shàng ge yuè de shí hào.

 단어 익히기

① 后天 hòutiān　명 내일 모레
② 生日 shēngrì　명 생일
③ 听说 tīngshuō　동 듣자 하니 (~라고 한다)
④ 前天 qiántiān　명 그저께
⑤ 上个月 shàng ge yuè　지난 달

🔍 后天是你的生日吧? 내일 모레가 당신의 생일이죠?

\# 明天 míngtiān 내일　　　　\# 这个周末 zhège zhōumò 이번 주말
\# 下个月 xià ge yuè 다음 달　　\# 下下个月 xià xià ge yuè 다다음달

生日蛋糕
생일케이크

DATE   /

 들어보기 🔊 22

1 请听一遍课文!   본문의 내용을 들어 봅시다.

2 课文的主题是什么? 본문의 주제는?

① 巧克力蛋糕   ② 生日蛋糕   ③ 草莓蛋糕

3 녹음을 듣고 주어진 단어가 들어있는지 확인해보세요.

	O	X
① 水果	☐	☐
② 合适	☐	☐
③ 写	☐	☐
④ 福	☐	☐

답 2. ② 3. X, O, O, X

58

您好，我想买生日蛋糕，要小一点儿的。
Nín hǎo, wǒ xiǎng mǎi shēngrì dàngāo, yào xiǎo yì diǎnr de.

您看这个大小合适吗?
Nín kàn zhè ge dàxiǎo héshì ma?

好。你们可以在蛋糕上写一句话，是吧?
Hǎo. Nǐmen kěyǐ zài dàngāo shang xiě yí jù huà, shì ba?

对，可以写"祝你生日快乐"。
Duì, kěyǐ xiě "zhù nǐ shēngrì kuàilè".

단어 익히기

① 蛋糕 dàngāo 명 케이크

② 合适 héshì 형 적합하다

③ 写 xiě 동 쓰다

④ 话 huà 명 말

⑤ 祝 zhù 동 기원하다. 축복하다

祝你生日快乐。 생일 축하합니다.

\# 好运 hǎoyùn 행운, 좋은 기회 \# 一路顺风 yílù shùnfēng 하는 일 모두 순조롭길 바랍니다.

\# 幸福 xìngfú 행복 \# 新年快乐 xīnnián kuàilè 새해 복 많이 받으세요.

3 生日礼物
생일 선물

 들어보기 🔊 23

1 请听一遍课文!　　　　본문의 내용을 들어 봅시다.

2 课文的主题是什么?　본문의 주제는?

① 圣诞节礼物　　② 新年礼物　　③ 生日礼物

3 녹음을 듣고 주어진 단어가 들어있는지 확인해보세요.

	O	X
① 衣服	☐	☐
② 女朋友	☐	☐
③ 拿	☐	☐
④ 真的	☐	☐

답 2. ③　3. O, O, X, X

60

你的衣服真好看，在哪儿买的？
Nǐ de yīfu zhēn hǎokàn,　zài nǎr mǎi de?

 我也不知道，是我生日的时候女朋友送给我的。
Wǒ yě bù zhīdao,　shì wǒ shēngrì de shíhou nǚ péngyou sònggěi wǒ de.

 她真会选礼物。
Tā zhēn huì xuǎn lǐwù.

 其实我也这么觉得！
Qíshí wǒ yě zhème juéde!

Part 5

 단어 익히기

① 衣服 yīfu 뗑 옷

② 好看 hǎokàn 혱 예쁘다

③ 女朋友 nǚ péngyou 뗑 여자 친구

④ 送 sòng 툉 주다. 선물하다

⑤ 选 xuǎn 툉 고르다. 선택하다

⑥ 礼物 lǐwù 뗑 선물

⑦ 其实 qíshí 뷔 사실은

她真会选礼物。 그녀가 선물을 잘 고르네요.

\# 做菜 zuòcài 요리하다   \# 唱歌 chànggē 노래하다

\# 跳舞 tiàowǔ 춤추다   \# 说话 shuōhuà 말하다

过生日

DATE   /

생일파티 하기

 들어보기 ◀)) 24

1 请听一遍课文!   본문의 내용을 들어 봅시다.

2 课文的主题是什么? 본문의 주제는?

① 做家事   ② 过生日   ③ 找工作

3 녹음을 듣고 주어진 단어가 들어있는지 확인해보세요.

	O	X
① 漂亮	☐	☐
② 意思	☐	☐
③ 而已	☐	☐
④ 走	☐	☐

답 2. ② 3. X, O, O, X

今天你家怎么这么干净？
Jīntiān nǐ jiā zěnme zhème gānjìng?

你的意思是我家平时不干净吗？
Nǐ de yìsi shì wǒ jiā píngshí bù gānjìng ma?

我开个玩笑而已。
Wǒ kāi ge wánxiào éryǐ.

今天是小李的生日，我们要在这里给他过生日。
Jīntiān shì Xiǎo Lǐ de shēngrì, wǒmen yào zài zhè li gěi tā guò shēngrì.

Part 5

단어 익히기

① 干净 gānjìng 형 깨끗하다

② 意思 yìsi 명 의미

③ 平时 píngshí 명 평소. 평상시

④ 而已 éryǐ 조 ~만. ~뿐

⑤ 过 guò 동 지내다. 보내다

开个玩笑。 농담이에요.

\# 吃饭 chīfàn 밥을 먹다 (=吃个饭)　　　\# 洗澡 xǐzǎo 목욕을 하다 (=洗个澡)

\# 睡觉 shuìjiào 잠을 자다 (=睡个觉)　　　\# 上网 shàngwǎng 인터넷을 하다 (=上个网)

请客

DATE   /

손님 초대

들어보기 🔊 25

1 请听一遍课文!　　　본문의 내용을 들어 봅시다.

2 课文的主题是什么?　본문의 주제는?

① 请客　　　　　② 做菜　　　　　③ 旅游

3 녹음을 듣고 주어진 단어가 들어있는지 확인해보세요.

　　　　　　　　　O　　X

① 请进　　　　☐　　☐

② 不好意思　　☐　　☐

③ 没关系　　　☐　　☐

④ 便宜　　　　☐　　☐

답 2. ① 3. X, O, O, X

明天是你的生日，一起吃饭吧，我请客。
Míngtiān shì nǐ de shēngrì, yìqǐ chīfàn ba, wǒ qǐngkè.

上次也是你请客，太不好意思了。
Shàngcì yěshì nǐ qǐngkè, tài bù hǎo yìsi le.

没关系，吃法国菜怎么样?
Méi guānxi, chī Fǎguócài zěnmeyàng?

那一定很贵，我们在学校附近吃就好了。
Nà yídìng hěn guì, wǒmen zài xuéxiào fùjìn chī jiù hǎo le.

Part 5

단어 익히기

① 请客 qǐngkè 통 초대하다. 한턱 내다

② 上次 shàngcì 명 지난번

③ 不好意思 bù hǎo yìsi 부끄럽다. 쑥쓰럽다

④ 没关系 méi guānxi 괜찮다

⑤ 法国菜 Fǎguócài 명 프랑스 요리

⑥ 贵 guì 형 비싸다

⑦ 附近 fùjìn 명 근처. 부근

吃法国菜怎么样? 프랑스 요리를 먹는게 어때요?

中国菜 Zhōngguó cài 중국 요리   # 泰国菜 Tàiguó cài 태국 요리

越南菜 Yuènán cài 베트남 요리   # 日本菜 Rìběn cài 일본 요리

情感表达 감정표현

赞美

칭찬하다

 들어보기   🔊 26

1 **请听一遍课文!**   본문의 내용을 들어 봅시다.

2 **课文的主题是什么?**   본문의 주제는?

① 赞美   ② 告别   ③ 打招呼

3 녹음을 듣고 주어진 단어가 들어있는지 확인해보세요.

	O	X
① 儿子	☐	☐
② 前	☐	☐
③ 难怪	☐	☐
④ 嘴臭	☐	☐

📖 2. ① 3. X, O, O, X

李老师，照片上的人是您的女儿吗？
Lǐ lǎoshī, zhàopiàn shang de rén shì nín de nǚ'ér ma?

 不是，那是我二十年前的照片。
Bú shì, nà shì wǒ èr shí nián qián de zhàopiàn.

 难怪看起来那么像您，现在还是一样漂亮。
Nánguài kànqǐlái nàme xiàng nín, xiànzài háishì yíyàng piāoliang.

 你的嘴真甜！
Nǐ de zuǐ zhēn tián!

 단어 익히기

① 照片 zhàopiàn 명 사진
② 女儿 nǚ'ér 명 딸
③ 前 qián 명 앞. 전
④ 难怪 nánguài 부 어쩐, 과연
⑤ 嘴甜 zuǐtián 형 말이 달콤하다

你还是一样漂亮！ 당신은 여전히 아름답네요!

\# 年轻 niánqīng 젊다   \# 帅 shuài 잘생기다
\# 可爱 kě'ài 귀엽다   \# 时髦 shímáo 유행이다. 최신식이다

紧张

초조해하다

DATE   /

 들어보기 ◀)) 27

1 请听一遍课文!   본문의 내용을 들어 봅시다.

2 课文的主题是什么? 본문의 주제는?

① 生气   ② 紧张   ③ 放松

3 녹음을 듣고 주어진 단어가 들어있는지 확인해보세요.

	O	X
① 看	☐	☐
② 钥匙	☐	☐
③ 急	☐	☐
④ 现在	☐	☐

目 2. ② 3. X, O, O, X

你在找什么呢?
Nǐ zài zhǎo shénme ne?

我的车钥匙不见了。
Wǒ de chē yàoshi bú jiàn le.

你先别急, 先想一想把钥匙忘在哪儿了。
Nǐ xiān bié jí, xiān xiǎng yi xiǎng bǎ yàoshi wàngzài nǎr le.

刚才还在桌子上的, 怎么不见了?
Gāngcái hái zài zhuōzi shang de, zěnme bú jiàn le?

Part 6

 단어 익히기

① 找 zhǎo 〔동〕 찾다

② 钥匙 yàoshi 〔명〕 키. 열쇠

③ 不见 bú jiàn 〔동〕 보이지 않다. 없어지다

④ 急 jí 〔동〕 초조해지다. 조급하게 굴다

⑤ 刚才 gāngcái 〔명〕 지금 막. 방금

我的车钥匙不见了。 내 차 키가 보이지 않네요.

\# 钱包 qiánbāo 지갑   \# 手机 shǒujī 휴대폰

\# 身份证 shēnfènzhèng 신분증   \# 护照 hùzhào 여권

Part 6

3

担忧

걱정하다

DATE   /

 들어보기   🔊 28

1 请听一遍课文!   본문의 내용을 들어 봅시다.

2 课文的主题是什么? 본문의 주제는?

① 期待   ② 高兴   ③ 担忧

3 녹음을 듣고 주어진 단어가 들어있는지 확인해보세요.

	O	X
① 心情	☐	☐
② 丈夫	☐	☐
③ 学校	☐	☐
④ 伤心	☐	☐

답 2. ③ 3. O, O, X, X

怎么了？ 你心情不好吗？
Zěnme le?　Nǐ xīnqíng bù hǎo ma?

 我丈夫最近总是很晚才下班。
Wǒ zhàngfu zuìjìn zǒngshì hěn wǎn cái xiàbān.

 在大公司上班都是这样的。
Zài dà gōngsī shàngbān dōu shì zhèyàng de.

 我知道，我只是担心他的健康。
Wǒ zhīdao,　wǒ zhǐ shì dānxīn tā de jiànkāng.

Part 6

 단어 익히기

① 心情 xīnqíng 명 심정. 마음. 기분

② 丈夫 zhàngfu 명 남편

③ 总是 zǒngshì 부 늘. 언제나

④ 公司 gōngsī 명 회사

⑤ 担心 dānxīn 명 걱정하다

他<u>总是</u>很晚下班。 그는 늘 늦게 퇴근해요.

\# 偶尔 ǒu'ěr 가끔　　　　　　\# 有时候 yǒu shíhou 어떤 때는

\# 经常 jīngcháng 항상　　　　\# 一直 yìzhí 줄곧. 계속

道歉

사과하다

DATE   /

  들어보기 ◀)) 29

1 请听一遍课文!   본문의 내용을 들어 봅시다.

2 课文的主题是什么? 본문의 주제는?

① 礼貌   ② 道歉   ③ 谦虚

3 녹음을 듣고 주어진 단어가 들어있는지 확인해보세요.

	O	X
① 迟到	☐	☐
② 刚	☐	☐
③ 邮局	☐	☐
④ 现在经过	☐	☐

답 2. ② 3. O, O, X, X

74

对不起，我迟到了，让你久等了！
Duì bu qǐ,   wǒ chídào le,   ràng nǐ jiǔ děng le!

没关系，我也刚到。
Méi guānxi,   wǒ yě gāng dào.

今天银行的人实在太多了。
Jīntiān yínháng de rén shízài tài duō le.

真的没关系，我刚才经过书店，去逛了一下才来的。
Zhēn de méi guānxi, wǒ gāngcái jīngguò shūdiàn, qù guàng le yí xià cái lái de.

Part 6

단어 익히기

① 迟到 chídào 〔동〕 지각하다

② 久等 jiǔděng 오래 기다리다

③ 刚 gāng 〔부〕 막, 방금

④ 银行 yínháng 〔명〕 은행

⑤ 刚才 gāngcái 〔명〕 지금 막

⑥ 经过 jīngguò 〔동〕 지나가다

⑦ 逛 guàng 〔동〕 거닐다, 돌아다니다

对不起，让你久等了。죄송합니다, 당신을 오래 기다리게 했어요.

\# 失望 shīwàng 실망하다   \# 担心 dānxīn 걱정하다

\# 难过 nánguò 괴롭다, 슬프다   \# 误会 wùhuì 오해하다

Part 6
5
生气
화(를) 내다

DATE   /

 들어보기 🔊 30

1 请听一遍课文!　　본문의 내용을 들어 봅시다.

2 课文的主题是什么?　본문의 주제는?

① 紧张　　　　　② 生气　　　　　③ 放松

3 녹음을 듣고 주어진 단어가 들어있는지 확인해보세요.

　　　　　　　　　　O　　　X

① 听到　　　　　☐　　　☐

② 说过　　　　　☐　　　☐

③ 不会吧　　　　☐　　　☐

④ 有意思　　　　☐　　　☐

답 2. ② 3. X, O, O, X

76

听说小张下个月要结婚了。
Tīngshuō Xiǎo Zhāng xià ge yuè yào jiéhūn le.

是吗? 我怎么没听他说过?
Shì ma? Wǒ zěnme méi tīng tā shuōguò?

不会吧? 你们不是好朋友吗?
Bú huì ba? Nǐmen bú shì hǎo péngyou ma?

他太不够意思了, 我现在就去问他。
Tā tài bú gòu yìsi le, wǒ xiànzài jiù qù wèn tā.

Part 6

단어 익히기

① 听说 tīngshuō 통 ~라고 한다
② 过 guo 동태조사(과거의 경험을 나타냄)
③ 不会吧 bú huì ba 그럴 리가 없다
④ 不够意思 bú gòu yìsi (친구 간에)의리가 없다. 성의가 부족하다

你太<u>不够意思</u>了。 당신 너무 의리가 없군요.

过分 guòfèn 지나치다　　　　# 天真 tiānzhēn 순진하다
没礼貌 méi lǐmào 예의가 없다　　# 不懂事 bù dǒngshì 철이 없다

07

问题解决 문제해결

信用卡丢了

DATE   /

신용카드 분실

 들어보기 ◀》 31

1 请听一遍课文!   본문의 내용을 들어 봅시다.

2 课文的主题是什么? 본문의 주제는?

① 信用卡丢失   ② 护照丢失   ③ 身份证丢失

3 녹음을 듣고 주어진 단어가 들어있는지 확인해보세요.

	O	X
① 信用卡	☐	☐
② 身份证	☐	☐
③ 挂号	☐	☐
④ 看	☐	☐

답 2. ① 3. O, O, X, O

您好，我的信用卡丢了。
Nín hǎo, wǒ de xìnyòngkǎ diū le.

请给我看一下您的身份证。
Qǐng gěi wǒ kàn yí xià nín de shēnfènzhèng.

我想挂失再补卡。
Wǒ xiǎng guàshī zài bǔkǎ.

好的，请先填一下这张单子。
Hǎo de, qǐng xiān tián yí xià zhè zhāng dānzi.

Part 7

단어 익히기

① 信用卡 xìnyòngkǎ 몡 신용카드

② 丢 diū 동 잃어버리다

③ 身份证 shēnfènzhèng 몡 신분증

④ 挂失 guàshī 동 분실 신고를 하다

⑤ 补卡 bǔkǎ 동 카드를 재발급하다

⑥ 填 tián 동 기입하다.써 넣다

⑦ 单子 dānzi 몡 양식. 표

请给我看一下您的**身份证**。저에게 당신의 신분증을 보여주세요.

学生证 xuéshēng zhèng 학생증   # 护照 hùzhào 여권

机票 jīpiào 비행기표   # 车票 chēpiào 차표

81

找东西

물건 찾기

DATE   /

들어보기 🔊 32

1 请听一遍课文!   본문의 내용을 들어 봅시다.

2 课文的主题是什么? 본문의 주제는?

① 买东西   ② 找东西   ③ 修理东西

3 녹음을 듣고 주어진 단어가 들어있는지 확인해보세요.

	O	X
① 客厅	☐	☐
② 放	☐	☐
③ 台灯	☐	☐
④ 白	☐	☐

📖 2. ② 3. X, O, O, X

你打扫房间的时候， 有没有看到我的钱包?
Nǐ dǎsǎo fángjiān de shíhou,　yǒu méi yǒu kàndào wǒ de qiánbāo?

没有， 你放哪儿了?
Méi yǒu,　nǐ　fàng　nǎr　le?

我放在台灯旁边。
Wǒ fàng zài táidēng pángbiān.

你再找一找。是那个黑的吗?
Nǐ zài zhǎo yi zhǎo.　Shì nà ge hēi de ma?

Part 7

단어 익히기

① 打扫 dǎsǎo 동 정리하다. 청소하다

② 房间 fángjiān 명 방

③ 钱包 qiánbāo 동 지갑

④ 放 fàng 동 놓다

⑤ 台灯 táidēng 명 탁상용 전등

⑥ 旁边 pángbiān 명 옆쪽

⑦ 黑 hēi 형 검다. 까맣다

我放在台灯旁边。 저는 탁상용 전등 옆에 두었어요.

♯ 电视 diànshì 텔레비전
♯ 抽屉 chōutì 서랍
♯ 书桌 shūzhuō 책상
♯ 化妆台 huàzhuāngtái 화장대

搬家
이사하기

DATE   /

들어보기   🔊 33

1 请听一遍课文!   본문의 내용을 들어 봅시다.

2 课文的主题是什么? 본문의 주제는?

① 酒店   ② 宿舍   ③ 搬家

3 녹음을 듣고 주어진 단어가 들어있는지 확인해보세요.

	O	X
① 搬家	☐	☐
② 远	☐	☐
③ 难过	☐	☐
④ 建筑	☐	☐

🔖 **2.** ③ **3.** O, O, X, X

听说你搬家了?
Tīngshuō nǐ bānjiā le?

对，我以前住的地方离学校太远了。
Duì, wǒ yǐqián zhù de dìfang lí xuéxiào tài yuǎn le.

难怪你经常迟到。
Nánguài nǐ jīngcháng chídào.

所以我才想找近一点儿的房子啊。
Suǒyǐ wǒ cái xiǎng zhǎo jìn yì diǎnr de fángzi a.

Part 7

단어 익히기

① 搬家 bānjiā 〔동〕 이사하다

② 离 lí 〔전〕 ~에서부터

③ 远 yuǎn 〔형〕 멀다

④ 难怪 nánguài 〔부〕 어쩐지. 과연

⑤ 近 jìn 〔형〕 가깝다

⑥ 房子 fángzi 〔명〕 집

听说你搬家了? 듣자 하니 당신 이사했다면서요?

\# 升职 shēngzhí 승진하다   \# 结婚 jiéhūn 결혼하다

\# 交女朋友 jiāo nǔ péngyou 여자친구를 사귀다   \# 去度蜜月 qù dù mìyuè 신혼여행을 가다

들어보기 🔊 34

1 请听一遍课文!   본문의 내용을 들어 봅시다.

2 课文的主题是什么? 본문의 주제는?

① 道歉   ② 请求   ③ 赞美

3 녹음을 듣고 주어진 단어가 들어있는지 확인해보세요.

	O	X
① 拿	☐	☐
② 逛街	☐	☐
③ 出国	☐	☐
④ 考虑	☐	☐

小李，帮我拿一下东西，好吗？谢谢！
Xiǎo Lǐ, bāng wǒ ná yí xià dōngxi, hǎo ma? Xièxie!

你去逛街了？买了这么多东西。
Nǐ qù guàngjiē le? Mǎi le zhème duō dōngxi.

因为后天我要出差。对了，你可以帮我照顾我的小狗吗？
Yīnwèi hòutiān wǒ yào chūchāi. Duì le, nǐ kěyǐ bāng wǒ zhàogù wǒ de xiǎogǒu ma?

让我考虑一下，明天再告诉你。
Ràng wǒ kǎolǜ yí xià, míngtiān zài gàosu nǐ.

Part 7

단어 익히기

① 帮 bāng 통 돕다

② 拿 ná 통 쥐다. 잡다

③ 逛街 guàngjiē 돌아다니며 구경하다

④ 出差 chūchāi 통 출장 가다

⑤ 照顾 zhàogù 통 돌보다

⑥ 小狗 xiǎogǒu 명 강아지

⑦ 考虑 kǎolǜ 통 고려하다

你可以帮我照顾我的小狗吗？ 당신 저 좀 도와서 우리 강아지를 좀 돌봐줄 수 있어요?

＃ 拿行李 ná xíngli 짐을 나르다   ＃ 买东西 mǎi dōngxi 물건을 사다

＃ 看孩子 kān háizi 아이를 돌보다   ＃ 写推荐信 xiě tuījiànxìn 추천서를 쓰다

Part 7

5 换货

물건 교환

 들어보기 🔊 35

1 请听一遍课文! 본문의 내용을 들어 봅시다.

2 课文的主题是什么? 본문의 주제는?

① 换钱   ② 换货   ③ 退货

3 녹음을 듣고 주어진 단어가 들어있는지 확인해보세요.

	O	X
① 服务	☐	☐
② 戴	☐	☐
③ 洗	☐	☐
④ 账单	☐	☐

📋 2. ② 3. O, X, O, X

您好，我能为您服务吗?
Nín hǎo, wǒ néng wèi nín fúwù ma?

这件衣服有大一点儿的吗? 这件我穿太小了。
Zhè jiàn yīfu yǒu dà yì diǎnr de ma? Zhè jiàn wǒ chuān tài xiǎo le.

衣服您没洗过吧? 洗过就不能换了。
Yīfu nín méi xǐguò ba? Xǐguò jiù bù néng huàn le.

没有，上午刚买的，这是发票。
Méi yǒu, shàngwǔ gāng mǎi de, zhè shì fāpiào.

Part 7

단어 익히기

① 服务 fúwù 통 서비스하다. 근무하다

② 件 jiàn 양 벌 (옷을 세는 단위)

③ 穿 chuān 통 입다

④ 洗 xǐ 통 씻다. 세탁하다

⑤ 换 huàn 통 바꾸다

⑥ 发票 fāpiào 명 영수증

这件衣服有大一点儿的吗? 이 옷 좀 큰 것은 없나요?

\# 新 xīn 새것

\# 小一点儿 xiǎo yìdiǎnr 조금 작은 것

\# 其他颜色 qítā yánsè 다른 색

\# 情侣装 qínglǚzhuāng 커플 옷

08

天气 날씨

天气预报
일기예보

 들어보기 🔊 36

1 请听一遍课文!　　　본문의 내용을 들어 봅시다.

2 课文的主题是什么?　본문의 주제는?

① 新闻　　　　　② 报纸　　　　　③ 天气预报

3 녹음을 듣고 주어진 단어가 들어있는지 확인해보세요.

	O	X
① 下雨	☐	☐
② 天气预报	☐	☐
③ 有时候	☐	☐
④ 出国	☐	☐

답 2. ③　3. O, O, X, X

听说明天上午可能会下雨。
Tīngshuō míngtiān shàngwǔ kěnéng huì xiàyǔ.

天气预报准吗?
Tiānqì yùbào zhǔn ma?

目前为止都很准。
Mùqián wéizhǐ dōu hěn zhǔn.

那出门别忘了带雨伞。
Nà chūmén bié wàng le dài yǔsǎn.

단어 익히기

① 下雨 xiàyǔ 동 비가 내리다

② 天气预报 tiānqì yùbào 명 일기예보

③ 准 zhǔn 형 정확하다. 틀림없다

④ 目前为止 mùqián wéizhǐ 지금까지

⑤ 出门 chūmén 동 외출하다

⑥ 带 dài 동 지니다. 휴대하다

⑦ 雨伞 yǔsǎn 명 우산

天气预报目前为止都很准。 일기예보가 지금까지는 매우 정확했어요.

♯ 一直以来 yìzhí yǐlái 줄곧. 지금까지   ♯ 有的时候 yǒu de shíhòu 어떤 때

♯ 总是 zǒngshì 늘. 언제나   ♯ 偶尔 ǒu'ěr 때때로. 간혹

Part 8
2 天气和健康
날씨와 건강

DATE   /

들어보기 🔊 37

1 请听一遍课文!　　본문의 내용을 들어 봅시다.

2 课文的主题是什么?　본문의 주제는?

① 看病　　　　　② 天气和健康　　　③ 医院

3 녹음을 듣고 주어진 단어가 들어있는지 확인해보세요.

	O	X
① 热	☐	☐
② 怕	☐	☐
③ 湿	☐	☐
④ 头	☐	☐

답 2. ②　3. X, O, O, X

94

今天不太冷。
Jīntiān bú tài lěng.

冷点儿没关系，我只怕下雨。
Lěng diǎnr méi guānxi,　wǒ zhǐ pà　xiàyǔ.

对，下雨的话又湿又冷。
Duì,　xiàyǔ de huà yòu shī yòu lěng.

而且一下雨我的关节就疼。
Érqiě　yí　xiàyǔ　wǒ de guānjiē jiù téng.

 단어 익히기

① 冷 lěng 형 춥다
② 怕 pà 동 걱정하다
③ 湿 shī 형 습하다
④ 一~就~ yí jiù ～하기만 하면 ～하다
⑤ 关节 guānjiē 명 관절

 <u>一下雨</u>我的关<u>节就</u>疼。 비가 오기만 하면 관절이 아파요.

下课 xiàkè 수업이 끝나다 / 看手机 kàn shǒujī 휴대폰을 보다
回家 huíjiā 귀가하다 / 写作业 xiě zuòyè 과제를 쓰다
进办公室 jìn bàngōngshì 사무실로 들어가다 / 开始工作 kāishǐ gōngzuò 일하기 시작하다
回国 huíguó 귀국하다 / 见朋友 jiàn péngyou 친구를 만나다

들어보기 🔊 38

1 **请听一遍课文!**　　본문의 내용을 들어 봅시다.

2 **课文的主题是什么?** 본문의 주제는?

　① 看医生　　　　② 买衣服　　　　③ 换季

3 녹음을 듣고 주어진 단어가 들어있는지 확인해보세요.

　　　　　　　　　　O　　X

　① 厚　　　　　　□　　□

　② 感冒　　　　　□　　□

　③ 开心　　　　　□　　□

　④ 害怕　　　　　□　　□

📖 2. ③ 3. O, O, X, X

你今天怎么穿这么厚?
Nǐ jīntiān zěnme chuān zhème hòu?

 因为昨天穿得太少，今天感冒了。
Yīnwèi zuótiān chuān de tài shǎo, jīntiān gǎnmào le.

 换季的时候气温变化大，要小心啊。
Huànjì de shíhou qìwēn biànhuà dà, yào xiǎoxīn a.

 你也要注意，别像我一样感冒了。
Nǐ yě yào zhùyì, bié xiàng wǒ yíyàng gǎnmào le.

 단어 익히기

① 厚 hòu 형 두껍다

② 少 shǎo 형 적다

③ 感冒 gǎnmào 동 감기에 걸리다

④ 换季 huànjì 동 계절이 바뀌다

⑤ 气温变化 qìwēn biànhuà 명 기온 변화

⑥ 小心 xiǎoxīn 동 조심하다

⑦ 注意 zhùyì 동 주의하다

 换季的时候，气温变化大。 계절이 바뀔 때 기온변화가 커요.

容易感冒 róngyì gǎnmào 감기에 걸리기 쉽다 # 容易咳嗽 róngyì késou 기침을 하기 쉽다

容易失眠 róngyì shīmián 잠을 쉽게 이루지 못하다

皮肤容易过敏 pífū róngyì guòmǐn 피부에 알러지 증상이 생기기 쉽다

Part 8

Part 8

4

酷暑
폭염

DATE   /

  🔊 39

1 **请听一遍课文!**   본문의 내용을 들어 봅시다.

2 **课文的主题是什么?** 본문의 주제는?

① 秋天   ② 酷暑   ③ 春天

3 녹음을 듣고 주어진 단어가 들어있는지 확인해보세요.

	O	X
① 凉快	☐	☐
② 热	☐	☐
③ 早上	☐	☐
④ 起床	☐	☐

답 2. ② 3. O, O, X, X

下雨了，凉快多了！
Xiàyǔ le, liángkuai duō le!

 对啊，前几天实在是太热了。
Duì ā, qián jǐ tiān shízài shì tài rè le.

 前两天晚上热得都睡不着了。
Qián liǎng tiān wǎnshang rè de dōu shuì bu zháo le.

 今天终于能好好儿睡觉了。
Jīntiān zhōngyú néng hǎohāor shuìjiào le.

 단어 익히기

① 凉快 liángkuai 형 시원하다. 서늘하다

② 前几天 qián jǐ tiān 며칠 전

③ 热 rè 형 덥다

④ 晚上 wǎnshang 명 저녁

⑤ 睡不着 shuì bu zháo 잠들지 못하다

⑥ 好好儿 hǎohāor 부 잘. 제대로

⑦ 睡觉 shuìjiào 동 잠자다

热得都睡不着了。 잠도 못 잘 정도로 **더워요.**

都快受不了了 dōu kuài shòu bu liǎo le 견딜 수 없어요

都不想动了 dōu bùxiǎng dòng le 움직이고 싶지 않아요

都不敢出门了 dōu bù gǎn chūmén le 감히 밖에 나갈 수 없어요

都可以煎鸡蛋了 dōu kěyǐ jiān jīdàn le 계란을 부칠 수 있을 정도예요

Part 8

Part 8

5

雪景
설경

DATE   /

들어보기   ◀)) 40

1 **请听一遍课文!**   본문의 내용을 들어 봅시다.

2 **课文的主题是什么?** 본문의 주제는?

① 晴天   ② 雪景   ③ 下雨

3 녹음을 듣고 주어진 단어가 들어있는지 확인해보세요.

                  O   X

① 下雪   ☐   ☐

② 最后一次   ☐   ☐

③ 夏天   ☐   ☐

④ 雪人   ☐   ☐

답 2. ② 3. O, X, X, O

下雪了！你看，好美啊！
Xiàxuě le! Nǐ kàn, hǎo měi a!

这是你第一次看到雪吗？
Zhè shì nǐ dì yī cì kàndào xuě ma?

对，我们国家一年四季都很热，不下雪。
Duì, wǒmen guójiā yì nián sìjì dōu hěn rè, bú xiàxuě.

那我们去外面堆雪人吧。
Nà wǒmen qù wàimiàn duī xuěrén ba.

단어 익히기

① 下雪 xiàxuě 图 눈이 내리다

② 第一次 dì yī cì 첫 번째

③ 国家 guójiā 图 국가. 나라

④ 四季 sìjì 图 사계절

⑤ 堆雪人 duī xuěrén 눈사람을 만들다

这是你第一次看到雪吗？ 당신은 이번에 처음 눈을 보는 건가요?

看到明星 kàndào míngxīng 스타를 보다

来到首尔 láidào Shǒu'ěr 서울에 오다

吃到韩国菜 chīdào Hánguócài 한국 음식을 먹다

听到这个消息 tīngdào zhè ge xiāoxi 이 소식을 듣다

地点场合 장소

饭馆
식당

 들어보기 🔊 41

1 **请听一遍课文!**   본문의 내용을 들어 봅시다.

2 **课文的主题是什么?** 본문의 주제는?

① 饭馆   ② 咖啡店   ③ 面包店

3 녹음을 듣고 주어진 단어가 들어있는지 확인해보세요.

	O	X
① 汤	☐	☐
② 厨师	☐	☐
③ 咖啡	☐	☐
④ 红茶	☐	☐

답 2. ① 3. O, O, X, X

今天的汤怎么这么咸啊?
Jīntiān de tāng zěnme zhème xián a?

 对不起, 我让厨师给您重做。
Duì bu qǐ,   wǒ ràng chúshī gěi nín chóng zuò.

 还有, 我要的啤酒怎么还没来?
Hái yǒu,   wǒ yào de píjiǔ   zěnme hái méi lái?

 对不起, 啤酒没了, 我们给您免费果汁好吗?
Duì bu qǐ,   píjiǔ méi le,   wǒmen gěi nín miǎnfèi guǒzhī hǎo ma?

 단어 익히기

① 汤 tāng 명 국

② 咸 xián 형 짜다

③ 厨师 chúshī 명 요리사

④ 重做 chóng zuò 다시 한 번 하다

⑤ 啤酒 píjiǔ 명 맥주

⑥ 免费 miǎnfèi 동 무료로 하다

⑦ 果汁 guǒzhī 명 과일주스

Part 9

 我要的啤酒怎么还没来? 제가 주문한 맥주는 왜 아직이죠?

宫保鸡丁 gōngbǎo jīdīng 꽁빠오지딩(궁보계정)   # 麻婆豆腐 mápó dòufu 마파두부

炒饭 chǎofàn 볶음밥   # 腰果虾仁 yāoguǒ xiārén 야오궈샤런(캐슈넛 새우 볶음)

酒店

호텔

 들어보기 🔊 42

1 **请听一遍课文!**   본문의 내용을 들어 봅시다.

2 **课文的主题是什么?** 본문의 주제는?

① 宿舍   ② 酒店   ③ 机场

3 녹음을 듣고 주어진 단어가 들어있는지 확인해보세요.

	O	X
① 帮忙	☐	☐
② 预订	☐	☐
③ 电话	☐	☐
④ 护照	☐	☐

您好, 我能为您效劳吗?
Nín hǎo, wǒ néng wèi nín xiàoláo ma?

您好, 我已经预订房间了。
Nín hǎo, wǒ yǐjīng yùdìng fángjiān le.

请问您有预订号码吗?
Qǐng wèn nín yǒu yùdìng hàomǎ ma?

在这儿, 还有, 这是我的护照。
Zài zhèr, hái yǒu, zhè shì wǒ de hùzhào.

단어 익히기

① 效劳 xiàoláo 图 온 힘을 다하다. 충성을 다하다

② 预订 yùdìng 图 예약하다

③ 预订号码 yùdìng hàomǎ 명 예약번호

④ 护照 hùzhào 명 여권

Part 9

我能为您效劳吗? 무엇을 도와드릴까요? (=May I help you?)

＃ 我想预订房间。 Wǒ xiǎng yùdìng fángjiān. 저는 방을 예약하고 싶습니다.

＃ 我要办入住手续。 Wǒ yào bàn rùzhù shǒuxù. 저는 체크인 하려고 합니다.

＃ 我要退房。 Wǒ yào tuìfáng. 저는 체크아웃 하려고 합니다.

＃ 请帮我叫车。 Qǐng bāng wǒ jiào chē. 저를 도와 차를 불러주세요.

医院

DATE   /

병원

들어보기   🔊 43

1   **请听一遍课文!**   본문의 내용을 들어 봅시다.

2   **课文的主题是什么?**   본문의 주제는?

①邮局   ②银行   ③医院

3   녹음을 듣고 주어진 단어가 들어있는지 확인해보세요.

	O	X
① 表	☐	☐
② 打针	☐	☐
③ 医生	☐	☐
④ 吃药	☐	☐

📖 2. ③   3. O, O, X, X

请填一下这张表。
Qǐng tián yí xià zhè zhāng biǎo.

好的，是在三楼 打针吗？
Hǎo de,　shì zài sān lóu dǎzhēn ma?

对，请把这张表给护士。
Duì,　qǐng bǎ zhè zhāng biǎo gěi hùshi.

好的，请问打完针去哪儿拿药？
Hǎo de,　qǐng wèn dǎwán zhēn qù nǎr ná yào?

 단어 익히기

① 填 tián 동 채워 넣다

② 表 biǎo 명 표

③ 楼 lóu 명 층

④ 打针 dǎzhēn 동 주사 맞다

⑤ 护士 hùshi 명 간호사

⑥ 拿药 náyào 동 약을 수령하다

Part 9

是在三楼打针吗？ 3층에서 주사 맞는 거죠?

♯ 挂号 guàhào 접수시키다　　♯ 看医生 kàn yīshēng 진료를 받다
♯ 做手术 zuò shǒushù 수술을 하다　♯ 办理住院手续 bànlǐ zhùyuàn shǒuxù 입원 수속을 하다

出租车上

택시 안

 들어보기 🔊 44

1 请听一遍课文!   본문의 내용을 들어 봅시다.

2 课文的主题是什么? 본문의 주제는?

① 机场大巴上   ② 出租车上   ③ 地铁上

3 녹음을 듣고 주어진 단어가 들어있는지 확인해보세요.

	O	X
① 请问	☐	☐
② 赶时间	☐	☐
③ 尽量	☐	☐
④ 马路	☐	☐

답 2. ② 3. O, O, O, X

본문 확인하기

您好，请问您去哪儿?
Nín hǎo, qǐng wèn nín qù nǎr?

我去外大。我赶时间，十分钟能到吗?
Wǒ qù Wàidà. Wǒ gǎn shíjiān, shí fēn zhōng néng dào ma?

我尽量开快一点儿。
Wǒ jǐnliàng kāi kuài yìdiǎnr.

前面那条大街向右开比较快。
Qiánmiàn nà tiáo dàjiē xiàng yòu kāi bǐjiào kuài.

단어 익히기

① 赶时间 gǎn shíjiān 시간에 쫓기다
② 尽量 jǐnliàng 부 가능한
③ 条 tiáo 양 가늘고 긴 것을 세는 단위
④ 大街 dàjiē 명 큰 길
⑤ 比较 bǐjiào 부 비교적

请问您去哪儿吗? 실례지만 어디 가세요?

清溪川 Qīngxīchuān 청계천
明洞 Míngdòng 명동
东方明珠 Dōngfāng míngzhū 동방명주
故宫 Gùgōng 고궁

Part 9

5 公司
회사

DATE   /

 들어보기 🔊 45

1 请听一遍课文!　　　본문의 내용을 들어 봅시다.

2 课文的主题是什么?　본문의 주제는?

① 学校　　　　　② 公司　　　　　③ 家里

3 녹음을 듣고 주어진 단어가 들어있는지 확인해보세요.

	O	X
① 回家	☐	☐
② 没办法	☐	☐
③ 工作	☐	☐
④ 跑	☐	☐

答 2. ②　3. O, O, O, X

112

你怎么还没回家？ 都11点了。
Nǐ zěnme hái méi huíjiā?　Dōu shí yī diǎn le.

你不是也还在这儿吗？
Nǐ bú shì yě hái zài zhèr ma?

没办法，还有很多工作要做。
Méi bànfǎ,　hái yǒu hěn duō gōngzuò yào zuò.

我也是，我们赶紧做完赶紧走吧。
Wǒ yě shì,　wǒmen gǎnjǐn zuòwán gǎnjǐn zǒu ba.

단어 익히기

① 回家 huíjiā 동 귀가하다

② 没办法 méi bànfǎ 방법이 없다

③ 工作 gōngzuò 명 일

④ 赶紧 gǎnjǐn 부 서둘러. 급히

⑤ 走 zǒu 동 떠나다. 걷다

Part 9

我还有很多工作要做。 아직도 해야 할 일이 많아요

＃ 衣服 yīfu, 洗 xǐ 옷을 빨다
＃ 碗 wǎn, 洗 xǐ 설거지 하다
＃ 作业 zuòyè, 写 xiě 숙제 하다
＃ 东西 dōngxi, 买 mǎi 물건을 사다

10

旅游 여행하기

出国准备

출국준비

DATE   /

들어보기   🔊 46

1   请听一遍课文!   본문의 내용을 들어 봅시다.

2   课文的主题是什么?   본문의 주제는?

① 出国   ② 开学   ③ 工作

3   녹음을 듣고 주어진 단어가 들어있는지 확인해보세요.

	O	X
① 出国	☐	☐
② 大概	☐	☐
③ 检查	☐	☐
④ 手提包	☐	☐

你这次出国多长时间?
Nǐ zhè cì chūguó duō cháng shíjiān?

大概要两个多星期。
Dàgài yào liǎng ge duō xīngqī.

那你得多准备几件衣服。
Nà nǐ děi duō zhǔnbèi jǐ jiàn yīfu.

东西太多了, 我得换大一点儿的行李箱。
Dōngxi tài duō le, wǒ děi huàn dà yìdiǎnr de xínglǐxiāng.

단어 익히기

① 出国 chūguó 동 출국하다
② 大概 dàgài 부 아마. 대략
③ 准备 zhǔnbèi 동 준비하다
④ 行李箱 xínglǐxiāng 명 여행가방

Part 10

你得多准备几件衣服。 당신은 옷을 몇 벌 더 준비해야 해요.

♯ 换钱 huànqián 환전하다
♯ 办理签证 bànlǐ qiānzhèng 비자수속을 밟다
♯ 转换插头 zhuǎnhuàn chātóu 멀티플러그
♯ 感冒药 gǎnmào yào 감기약

Part 10
2
去机场路上

공항 가는 길

DATE   /

 들어보기   🔊 47

1   请听一遍课文!   본문의 내용을 들어 봅시다.

2   课文的主题是什么?   본문의 주제는?

   ① 家里   ② 去机场路上   ③ 机场

3   녹음을 듣고 주어진 단어가 들어있는지 확인해보세요.

                    O   X
   ① 不必   ☐   ☐

   ② 放心   ☐   ☐

   ③ 机场   ☐   ☐

   ④ 左转   ☐   ☐

2. ②   3. X, O, O, X

118

今天该加油了，对吧?
Jīntiān gāi jiāyóu le, duì ba?

我知道，你放心吧。
Wǒ zhīdao, nǐ fàngxīn ba.

去机场的路上有加油站吗?
Qù jīchǎng de lù shang yǒu jiāyóuzhàn ma?

有，前面右转就是了。
Yǒu, qiánmiàn yòuzhuǎn jiù shì le.

 단어 익히기

① 该 gāi 통 ~해야 한다

② 加油 jiāyóu 통 기름을 넣다

③ 放心 fàngxīn 통 마음을 놓다

④ 机场 jīchǎng 명 공항

⑤ 加油站 jiāyóuzhàn 명 주유소

⑥ 右转 yòuzhuǎn 통 우회전하다

Part 10

今天该<u>加油</u>了。 오늘 주유해야 돼요.

＃ 交钱 jiāoqián 돈을 지불하다　　＃ 打扫 dǎsǎo 청소하다

＃ 复习 fùxí 복습하다　　＃ 休息 xiūxi 휴식하다

机场广播

공항 안내방송

 들어보기 🔊 48

1 请听一遍课文!　　본문의 내용을 들어 봅시다.

2 课文的主题是什么?　본문의 주제는?

① 火车站　　　　② 百货公司　　　③ 机场

3 녹음을 듣고 주어진 단어가 들어있는지 확인해보세요.

	O	X
① 各位	☐	☐
② 抱歉	☐	☐
③ 终于	☐	☐
④ 提早	☐	☐

各位乘客您好，
Gè wèi chéngkè nín hǎo,

 很抱歉，
hěn bàoqiàn,

 由于大雪的关系，
yóuyú dàxuěde guānxi,

 CA867 航班将推迟起飞。
CA bā liù qī hángbān jiāng tuīchí qǐfēi.

 단어 익히기

① 各位 gè wèi   여러분
② 乘客 chéngkè 명 승객
③ 抱歉 bàoqiàn 동 미안하게 생각하다. 미안해하다
④ 由于 yóuyú 전 ~때문에
⑤ 航班 hángbān 명 항공편
⑥ 将 jiāng 부 장차
⑦ 推迟起飞 tuīchí qǐfēi 이륙이 지연되다

 由于<u>大雪</u>的关系，航班将推迟起飞。 대설로 인해 항공편이 지연될 예정입니다.

\# 浓雾 nóngwù 짙은 안개   \# 天气 tiānqì 날씨
\# 航空管制 hángkōng guǎnzhì 항공 관제

Part 10

拍照

사진촬영

DATE /

들어보기 🔊 49

1 请听一遍课文!　　　본문의 내용을 들어 봅시다.

2 课文的主题是什么?　본문의 주제는?

① 找人　　　　　② 拍照　　　　　③ 问路

3 녹음을 듣고 주어진 단어가 들어있는지 확인해보세요.

	O	X
① 照相	☐	☐
② 当然	☐	☐
③ 窗	☐	☐
④ 没关系	☐	☐

답 2. ② 3. O, O, X, X

您好！您可以帮我们照相吗？
Nín hǎo! Nín kěyǐ bāng wǒmen zhàoxiàng ma?

当然可以。
Dāngrán kěyǐ.

能把后面的船照上吗？
Néng bǎ hòumiàn de chuán zhàoshàng ma?

没问题。准备好了吗？茄子。
Méi wèntí.　Zhǔnbèi hǎo le ma?　Qiézi.

단어 익히기

① 照相 zhàoxiàng ⑧ 사진을 찍다

② 当然 dāngrán ⑧ 당연하다. 물론이다

③ 船 chuán ⑱ 배

④ 没问题 méi wèntí 문제없다

⑤ 茄子 qiézi ⑱ 가지 (사진 찍을 때 내는 소리)

能把后面的船照上吗？ 뒤쪽의 배가 나오게 찍어주실 수 있으세요?

＃ 埃菲尔铁塔 Āifēi'ěr tiětǎ 에펠탑

＃ 长城 Chángchéng 만리장성

＃ 古根汉博物馆 Gǔgēnhàn bówùguǎn 구겐하임 박물관

＃ 科隆大教堂 Kēlóng dàjiàotáng 쾰른 대성당

结束旅程

여정 마무리

 들어보기   🔊 50

1 **请听一遍课文!**   본문의 내용을 들어 봅시다.

2 **课文的主题是什么?** 본문의 주제는?

① 买东西   ② 结束旅程   ③ 搭火车

3 녹음을 듣고 주어진 단어가 들어있는지 확인해보세요.

	O	X
① 累	☐	☐
② 火车	☐	☐
③ 糟糕	☐	☐
④ 纪念品	☐	☐

📘 2. ② 3. O, X, X, O

你回来了? 很累吧?
Nǐ huílái le? Hěn lèi ba?

 还好, 我在飞机上睡得很好。
Hái hǎo, wǒ zài fēijī shang shuì de hěn hǎo.

 那就好。那是什么? 好漂亮!
Nà jiù hǎo. Nà shì shénme? Hǎo piàoliang!

 这是给你的纪念品。
Zhè shì gěi nǐ de jìniànpǐn.

 단어 익히기

① 累 lèi [형] 피곤하다

② 还好 háihǎo 그럭저럭 괜찮다

③ 飞机 fēijī [명] 비행기

④ 那就好 nà jiù hǎo 그럼 잘 됐다

⑤ 纪念品 jìniànpǐn [명] 기념품

 很累吧? 피곤하죠?

忙 máng 바쁘다

困 kùn 졸리다

辛苦 xīnkǔ 고생하다

压力很大 yālì hěn dà 스트레스가 많다

11

职场生活 직장생활

面试
면접

 들어보기 🔊 51

1 请听一遍课文!   본문의 내용을 들어 봅시다.

2 课文的主题是什么? 본문의 주제는?

① 面试   ② 开会   ③ 考试

3 녹음을 듣고 주어진 단어가 들어있는지 확인해보세요.

	O	X
① 面试	☐	☐
② 经验	☐	☐
③ 实力	☐	☐
④ 优点	☐	☐

📋 2. ① 3. O, O, X, X

今天的面试小张的成绩最好，
Jīntiān de miànshì Xiǎo Zhāng de chéngjì zuì hǎo,

因为他有经验，有信心，
yīnwèi tā yǒu jīngyàn,　yǒu xìnxīn,

而且适应能力很好，
érqiě shìyìng nénglì hěn hǎo,

几乎没有缺点。
Jīhū méi yǒu quēdiǎn.

단어 익히기

① 面试 miànshì 명 면접시험

② 经验 jīngyàn 명 경험

③ 信心 xìnxīn 명 자신감

④ 适应能力 shìyìng nénglì 명 적응능력

⑤ 几乎 jīhū 부 거의

⑥ 缺点 quēdiǎn 명 단점. 결점

他有经验，有信心，而且适应能力很好。
그는 경험이 있고, 자신감도 있으며, 게다가 적응능력이 매우 좋다.

＃ 有创意 yǒu chuàngyì 창의성이 있다 　　　＃ 有计划性 yǒu jìhuàxìng 계획성이 있다

＃ 细心周到 xìxīn zhōudào 세심하고 꼼꼼하다

＃ 表达能力好 biǎodá nénglì hǎo 표현능력이 좋다

Part 11

发传真

팩스 보내기

 들어보기   🔊 52

1   请听一遍课文!   본문의 내용을 들어 봅시다.

2   课文的主题是什么?   본문의 주제는?

① 发邮件   ② 发传真   ③ 发短信

3   녹음을 듣고 주어진 단어가 들어있는지 확인해보세요.

	O	X
① 邮件	☐	☐
② 收	☐	☐
③ 可能	☐	☐
④ 纸	☐	☐

📋 2. ②   3. X, O, X, O

我发的传真你看了吗?
Wǒ fā de chuánzhēn nǐ kàn le ma?

您给我发传真了吗? 抱歉，我没收到。
Nín gěi wǒ fā chuánzhēn le ma? Bàoqiàn, wǒ méi shōudào.

昨天就应该收到了。
Zuótiān jiù yīnggāi shōudào le.

我看看！抱歉，没纸了，请再发一遍。
Wǒ kànkan!   Bàoqiàn,   méi zhǐ le,   qǐng zài fā yí biàn.

단어 익히기

① 发 fā 동 보내다

② 传真 chuánzhēn 명 팩스

③ 收 shōu 동 받다

④ 应该 yīnggāi 동 ～해야 한다

⑤ 纸 zhǐ 명 종이

⑥ 遍 biàn 양 번. 차례. 회

Part 11

您给我发<u>传真</u>了吗? 당신이 제게 팩스를 보내셨나요?

＃ 邮件 yóu jiàn 메일   ＃ 短信 duǎnxìn 문자

＃ 纸条 zhǐtiáo 쪽지   ＃ 信息 xìnxī 카톡, 위쳇 등의 메시지

Part 11

3 会议
회의

 들어보기 🔊 53

1 **请听一遍课文!**   본문의 내용을 들어 봅시다.

2 **课文的主题是什么?**   본문의 주제는?

① 研讨会   ② 舞会   ③ 会议

3 녹음을 듣고 주어진 단어가 들어있는지 확인해보세요.

	O	X
① 会议	☐	☐
② 提早	☐	☐
③ 办公室	☐	☐
④ 打印	☐	☐

📋 2. ③   3. O, O, X, X

会议是下午两点吗?
Huìyì shì xiàwǔ liǎng diǎn ma?

 改了。1点半，提早了半个小时。
Gǎi le.　Yī diǎn bàn,　tízǎo le bàn ge xiǎoshí.

 好，503会议室没变吧?
Hǎo,　wǔ líng sān huìyìshì méi biàn ba?

 没变。对了，把这个文件复印一下。
Méi biàn.　Duì le,　bǎ zhè ge wénjiàn fùyìn yí xià.

 단어 익히기

① 会议 huìyì 명 회의

② 改 gǎi 동 바뀌다

③ 提早 tízǎo 동 (시간을)앞당기다

④ 会议室 huìyìshì 명 회의실

⑤ 变 biàn 동 ~로 바뀌다. 변하다

⑥ 文件 wénjiàn 명 서류

⑦ 复印 fùyìn 동 복사하다

 __把这个文件复印一下。__ 이 서류를 복사 좀 해주세요

# 把文件发给大家。	bǎ wénjiàn fāgěi dàjiā	서류를 모두에게 전달해 주세요.
# 把邮件抄送给经理。	bǎ yóujiàn chāosònggěi jīnglǐ	사장님을 참조해서 메일 발송해 주세요.
# 把传真发给客户。	bǎ chuánzhēn fāgěi kèhù	팩스를 거래처에 보내세요
# 把报价单打印出来	bǎ bàojiàdān dǎyìn chūlái	견적서를 인쇄해 주세요.

Part 11

133

出差

출장

DATE   /

들어보기   🔊 54

1 请听一遍课文!   본문의 내용을 들어 봅시다.

2 课文的主题是什么?   본문의 주제는?

① 出国   ② 出差   ③ 找人

3 녹음을 듣고 주어진 단어가 들어있는지 확인해보세요.

          O   X

① 交通   ☐   ☐

② 堵车   ☐   ☐

③ 也许   ☐   ☐

④ 差得远 ☐   ☐

最近交通好像不太好。
Zuìjìn jiāotōng hǎoxiàng bú tài hǎo.

对，经常堵车。
Duì, jīngcháng dǔchē.

估计回公司要一个小时吧?
Gūjì   huí gōngsī yào yí ge   xiǎoshí ba?

差不多。
Chà bu duō.

단어 익히기

① 交通 jiāotōng 명 교통
② 堵车 dǔchē 명 교통체증 동 차가 막히다
③ 估计 gūjì 동 어림잡다. 짐작하다
④ 差不多 chà bu duō 형 비슷하다. 큰 차이가 없다

Part 11

最近交通好像不太好。 요새 교통상황이 그다지 좋지 않은 것 같아요.

＃ 空气 kōngqì 공기　　　　　　　＃ 天气 tiānqì 날씨
＃ 水质 shuǐzhì 수질　　　　　　　＃ 工作环境 gōngzuò huánjìng 작업환경. 업무환경

确认工作任务

업무진도확인

DATE   /

 들어보기 🔊 55

1   请听一遍课文!   본문의 내용을 들어 봅시다.

2   课文的主题是什么?   본문의 주제는?

① 安排工作任务   ② 确认工作任务   ③ 和客户开会

3   녹음을 듣고 주어진 단어가 들어있는지 확인해보세요.

	O	X
① 市场调查	☐	☐
② 顺便	☐	☐
③ 完蛋	☐	☐
④ 保证	☐	☐

답 2. ② 3. O, X, X, O

市场调查报告做得怎么样了?
Shìchǎng diàochá bàogào zuò de zěnmeyàng le?

目前都很顺利。
Mùqián dōu hěn shùnlì.

能提前完成吗?
Néng tíqián wánchéng ma?

没问题, 周末保证能做完。
Méi wèntí,　 zhōumò bǎozhèng néng zuòwán.

단어 익히기

① 市场调查 shìchǎng diàochá 　명　 시장조사

② 报告 bàogào 　명　 보고 　동　 보고하다

③ 顺利 shùnlì 　형　 순조롭다

④ 提前 tíqián 　동　 앞당기다

⑤ 完成 wánchéng 　동　 완성하다

⑥ 保证 bǎozhèng 　동　 담보하다. 보증하다

市场调查报告做得怎么样了? 시장조사 보고 는 어떻게 진행되고 있나요?

市场分析报告 shìchǎng fēnxī bàogào 시장분석보고

风险评估报告 fēngxiǎn pínggū bàogào 위험성 평가보고

财务报告 cáiwù bàogào 재무보고

项目计划书 xiàngmù jìhuàshū 사업계획서

12

话题和活动 화제와 활동

汉语水平

중국어 수준

DATE   /

들어보기 🔊 56

1 请听一遍课文!   본문의 내용을 들어 봅시다.

2 课文的主题是什么? 본문의 주제는?

① 工资水平   ② 物价水平   ③ 汉语水平

3 녹음을 듣고 주어진 단어가 들어있는지 확인해보세요.

	O	X
① 韩语	☐	☐
② 挺	☐	☐
③ 夸	☐	☐
④ 英语	☐	☐

답 2. ③ 3. X, O, O, X

我学汉语两年多了，水平还是不高。
Wǒ xué Hànyǔ liǎng nián duō le, shuǐpíng háishì bù gāo.

 是吗？ 我觉得你汉语说得挺好的！
Shì ma?　Wǒ juéde nǐ Hànyǔ shuō de tǐng hǎo de!

 你别夸我了！
Nǐ bié kuā wǒ le!

是吗? 学语言不能着急，多听，多看，多说，多读就对了。
Xué yǔyán bù néng zháojí,　duō tīng,　duō kàn,　duō shuō, duō dú jiù duì le.

 단어 익히기

① 汉语 Hànyǔ 명 중국어

② 水平 shuǐpíng 명 수준

③ 挺 tǐng 부 매우. 상당히

④ 夸 kuā 동 칭찬하다

⑤ 语言 yǔyán 명 언어

⑥ 着急 zháojí 형 조급해하다

⑦ ~就对了 jiù duì le (~면) 바로 그게 맞다

 学语言不能着急。 언어를 배울 때는 조급해해서는 안돼요.

＃ 怕犯错 pà fàncuò 실수를 두려워하다　　　　　　　　＃ 不开口 bú kāikǒu 입을 열지 않는다
＃ 要持之以恒 yào chí zhī yǐ héng 꾸준히 해야 한다
＃ 要有明确目的 yào yǒu míngquè mùdì 명확한 목표가 있어야 한다

Part 12

2 小说内容

소설 내용

DATE   /

 들어보기 🔊 57

1 请听一遍课文!   본문의 내용을 들어 봅시다.

2 课文的主题是什么? 본문의 주제는?

① 电影内容   ② 小说内容   ③ 漫画内容

3 녹음을 듣고 주어진 단어가 들어있는지 확인해보세요.

	O	X
① 杂志	☐	☐
② 爱情故事	☐	☐
③ 女孩子	☐	☐
④ 真是	☐	☐

📖 2. ② 3. X, O, O, X

142

最近有什么好看的小说吗?
Zuìjìn yǒu shéme hǎokàn de xiǎoshuō ma?

我最近看的是一个爱情故事。
Wǒ zuìjìn kàn de shì yí ge àiqíng gùshi.

你们女孩子就是喜欢看这种!
Nǐmen nǚháizi jiù shì xǐhuan kàn zhè zhǒng!

这本小说不一样,很真实感人的!
Zhè běn xiǎoshuō bù yíyàng, hěn zhēnshí gǎnrén de!

 단어 익히기

① 小说 xiǎoshuō 뗑 소설

② 爱情故事 àiqíng gùshi 뗑 러브 스토리

③ 女孩子 nǚháizi 뗑 여자아이

④ 这种 zhè zhǒng 이런 종류의

⑤ 不一样 bù yíyàng 같지 않다

⑥ 真实 zhēnshí 뿐 정말. 사실상

⑦ 感人 gǎnrén 통 감동시키다

最近有什么好看的<u>小说</u>吗? 최근에 어떤 재미있는 소설이 있나요?

\# 漫画 mànhuà 만화   \# 电影 diànyǐng 영화

\# 美剧 Měijù 미국 드라마   \# 韩剧 Hánjù 한국 드라마

游泳

수영

 들어보기 🔊 58

1   请听一遍课文!   본문의 내용을 들어 봅시다.

2   课文的主题是什么?   본문의 주제는?

① 看书   ② 打球   ③ 游泳

3   녹음을 듣고 주어진 단어가 들어있는지 확인해보세요.

	O	X
① 游泳	☐	☐
② 看孩子	☐	☐
③ 舒服	☐	☐
④ 日期	☐	☐

답 2. ③ 3. O, X, O, X

明天我们一起去游泳，怎么样？
Míngtiān wǒmen yìqǐ qù yóuyǒng, zěnmeyàng?

我上午要去看医生，回来给你打电话。
Wǒ shàngwǔ yào qù kàn yīshēng, huílái gěi nǐ dǎ diànhuà.

怎么了？哪儿不舒服吗？
Zěnme le? Nǎr bù shūfu ma?

没有，只是定期健康检查。
Méi yǒu, zhǐshì dìngqī jiànkāng jiǎnchá.

 단어 익히기

① 游泳 yóuyǒng 동 수영하다
② 看医生 kàn yīshēng 동 진료를 받다
③ 舒服 shūfu 형 편안하다
④ 定期 dìngqī 형 정기적인. 정기의
⑤ 健康检查 jiànkāng jiǎnchá 명 건강검진

 我上午要去**看医生**。 저는 오전에 진료받으러 가야 해요

♯ 买菜 mǎicài 장을 보다　　　　　♯ 见朋友 jiàn péngyou 친구를 만나다
♯ 做家事 zuò jiāshì 집안일을 하다
♯ 送孩子上学 sòng háizi shàngxué 아이를 학교에 보내다. 아이를 등교시키다

找路
길찾기

 들어보기 🔊 59

1 请听一遍课文!   본문의 내용을 들어 봅시다.

2 课文的主题是什么? 본문의 주제는?

① 问路   ② 找路   ③ 迷路

3 녹음을 듣고 주어진 단어가 들어있는지 확인해보세요.

	O	X
① 地图	☐	☐
② 没想到	☐	☐
③ 马上	☐	☐
④ 饭	☐	☐

目 2. ② 3. O, O, X, X

怎么还没到啊? 你看看地图吧。
Zěnme hái méi dào a?　Nǐ　kànkan dìtú　ba.

我也没想到这么远。
Wǒ yě méi xiǎngdào zhème yuǎn.

我们直接打车吧。
Wǒmen zhíjiē dǎchē ba.

快到了，再走一下吧，到了我请你吃冰淇淋。
Kuài dào le,　zài zǒu yí xià ba,　dào le wǒ qǐng nǐ chī bīngqílín.

단어 익히기

① 地图 dìtú 몡 지도
② 没想到 méi xiǎngdào 생각지 못했다
③ 直接 zhíjiē 閈 직접
④ 打车 dǎchē 동 택시를 타다
⑤ 冰淇淋 bīngqílín 몡 아이스크림

没想到这么远! 이렇게 멀거라고는 생각지도 못했어요!
＃ 热 rè 덥다
＃ 容易 róngyì 쉽다
＃ 便宜 piànyi 싸다
＃ 重要 zhòngyào 중요하다

Part 12

参加婚礼

결혼식 참석

 들어보기 🔊 60

1 请听一遍课文!   본문의 내용을 들어 봅시다.

2 课文的主题是什么? 본문의 주제는?

① 考试   ② 参加婚礼   ③ 会议

3 녹음을 듣고 주어진 단어가 들어있는지 확인해보세요.

	O	X
① 经历	☐	☐
② 婚礼	☐	☐
③ 赶快	☐	☐
④ 男士	☐	☐

답 **2.** ② **3.** X, O, O, X

王经理，你好，好久不见了。
Wáng jīnglǐ, nǐhǎo, hǎo jiǔ bú jiàn le.

 真巧！你也来参加婚礼吗？
Zhēn qiǎo! Nǐ yě lái cānjiā hūnlǐ ma?

 对，我们赶快进去吧，马上就要开始了。
Duì, wǒmen gǎnkuài jìnqù ba, mǎshàng jiù yào kāishǐ le.

 女士优先，你先请。
Nǚshì yōuxiān, nǐ xiān qǐng.

 단어 익히기

① 经理 jīnglǐ 명 사장. 경영책임자

② 巧 qiǎo 형 공교롭다

③ 婚礼 hūnlǐ 명 결혼식

④ 赶快 gǎnkuài 부 재빨리. 어서

⑤ 女士优先 nǚshì yōuxiān 레이디 퍼스트(숙녀 먼저)

我来参加婚礼。 저는 결혼식에 참석하러 왔습니다

\# 会议 huìyì 회의　　　　\# 展览会 zhǎnlǎnhuì 전람회
\# 周岁宴 zhōusuìyàn 돌잔치　　\# 生日聚会(派对) shēngrì jùhuì (pàiduì) 생일파티

Part 12

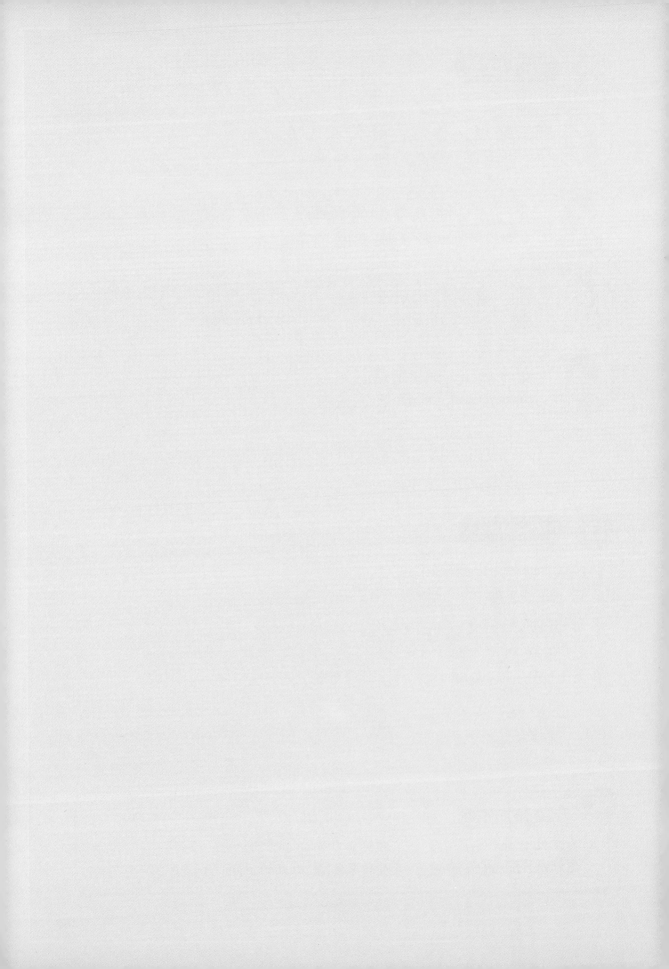

13

电子产品 전자제품

电脑

컴퓨터

  들어보기 🔊 61

1   请听一遍课文!   본문의 내용을 들어 봅시다.

2   课文的主题是什么?   본문의 주제는?

① 电视   ② 电脑   ③ 汽车

3   녹음을 듣고 주어진 단어가 들어있는지 확인해보세요.

	O	X
① 电视	☐	☐
② 上网	☐	☐
③ 生命	☐	☐
④ 同感	☐	☐

📖 2. ② 3. X, O, X, O

电脑对人们的影响真大！
Diànnǎo duì rénmen de yǐngxiǎng zhēn dà!

是啊，有电脑才能在家工作、上网。
Shì a,　yǒu diànnǎo cáinéng zàijiā gōngzuò, shàngwǎng.

我不能想象没有电脑的生活。
Wǒ bù néng xiǎngxiàng méi yǒu diànnǎo de shēnghuó.

我也有同感。
Wǒ yě yǒu tónggǎn.

① 电脑 diànnǎo 	몡 컴퓨터

② 影响 yǐngxiǎng 	몡 영향

③ 上网 shàngwǎng 	동 인터넷을 하다

④ 想象 xiǎngxiàng 	동 상상하다

⑤ 生活 shēnghuó 	몡 생활

⑥ 同感 tónggǎn 	몡 동감 동 동감하다

我不能想象没有电脑的生活。 저는 컴퓨터가 없는 생활을 상상할 수 없어요.

＃ 电视 diànshì TV

＃ 手机 shǒujī 핸드폰

＃ 网络 wǎngluò 인터넷

＃ 空调 kōngtiáo 에어컨

手机
핸드폰

 들어보기 🔊 62

1 **请听一遍课文!**   본문의 내용을 들어 봅시다.

2 **课文的主题是什么?** 본문의 주제는?

① 电脑   ② 手机   ③ 手表

3 녹음을 듣고 주어진 단어가 들어있는지 확인해보세요.

	O	X
① 手表	☐	☐
② 学习	☐	☐
③ 整天	☐	☐
④ 方法	☐	☐

📋 2. ② 3. X, O, O, X

你别一直看手机，快吃饭吧！
Nǐ bié yìzhí kàn shǒujī,　kuài chī fàn ba!

 爸，我是在学习啊！
Bà,　wǒ shì zài xuéxí a!

 真是的，整天离不开手机。
Zhēn shì de,　zhěngtiān lí bu kāi shǒujī.

 这就是现代人的生活方式啊！
Zhè jiù shì xiàndàirén de shēnghuó fāngshì a!

 단어 익히기

① 别 bié 〔부〕 ~하지 마라
② 手机 shǒujī 〔명〕 핸드폰
③ 学习 xuéxí 〔동〕 공부하다
④ 真是的 zhēnshì de 참 나(감탄사)
⑤ 整天 zhěngtiān 〔명〕 하루 종일
⑥ 现代人 xiàndàirén 〔명〕 현대인
⑦ 方式 fāngshì 〔명〕 방식

 你别一直看手机！ 당신 계속 핸드폰 보지 마세요!

＃ 玩电玩（电玩游戏） wán diànwán (diànwán yóuxì) 전자게임을 하다
＃ 吃零食 chī língshí 간식을 먹다　＃ 偷懒 tōulǎn 게으름을 피우다
＃ 抱怨 bàoyuàn 원망하다

155

Part 13

3 电脑密码
컴퓨터 비밀번호

 들어보기 🔊 63

1 请听一遍课文! 본문의 내용을 들어 봅시다.

2 课文的主题是什么? 본문의 주제는?

① 邮箱密码   ② 手机密码   ③ 电脑密码

3 녹음을 듣고 주어진 단어가 들어있는지 확인해보세요.

	O	X
① 密码	☐	☐
② 试试	☐	☐
③ 正确	☐	☐
④ 更新	☐	☐

답 2. ③ 3. O, O, X, X

怎么办，我忘记电脑密码了！
Zěnmebàn,　wǒ wàngjì diànnǎo mìmǎ le!

你试试你的生日。
Nǐ shìshi nǐ de shēngrì.

密码错误，还是不行
Mìmǎ cuòwù,　hái shì bù xíng.

别急，更改密码就行了。
Bié jí,　gēnggǎi mìmǎ jiù xíng le.

 단어 익히기

① 忘记 wàngjì ⟨동⟩ 잊다

② 密码 mìmǎ ⟨명⟩ 비밀번호

③ 试 shì ⟨동⟩ 시험삼아 해 보다

④ 错误 cuòwù ⟨명⟩ 틀린 행위. 실수. 잘못

⑤ 行 xíng ⟨형⟩ 좋다. 괜찮다

⑥ 更改 gēnggǎi ⟨동⟩ 변경하다

⑦ 方式 fāngshì ⟨명⟩ 방식

我忘记电脑密码了！ 저 컴퓨터 비밀번호를 잊어 먹었어요.

\# 下车 xiàchē 차에서 내리다　　　\# 刷卡 shuākǎ (교통)카드를 대다

\# 带钥匙 dài yàoshi 열쇠를 지니다　　\# 他的名字 tā de míngzi 그의 이름

157

电脑问题

컴퓨터 문제

 들어보기   🔊 64

1 请听一遍课文!   본문의 내용을 들어 봅시다.

2 课文的主题是什么?   본문의 주제는?

① 停电   ② 买电脑   ③ 电脑问题

3 녹음을 듣고 주어진 단어가 들어있는지 확인해보세요.

<table>
<tr><td></td><td>O</td><td>X</td></tr>
<tr><td>① 问题</td><td>☐</td><td>☐</td></tr>
<tr><td>② 关机</td><td>☐</td><td>☐</td></tr>
<tr><td>③ 上传</td><td>☐</td><td>☐</td></tr>
<tr><td>④ 启动</td><td>☐</td><td>☐</td></tr>
</table>

답 **2.** ③ **3.** O, X, X, O

본문 확인하기

我电脑有问题，你能帮我看看吗？
Wǒ diànnǎo yǒu wèntí, nǐ néng bāng wǒ kànkan ma?

好像死机了，经常这样吗？
Hǎoxiàng sǐjī le, jīngcháng zhèyàng ma?

没有，刚才下载一个软件才这样的。
Méi yǒu, gāngcái xiàzài yí ge ruǎnjiàn cái zhèyàng de.

那再重新启动试试吧。
Nà zài chóngxīn qǐdòng shìshi ba.

 단어 익히기

① 问题 wèntí 圐 문제
② 死机 sǐjī 图 컴퓨터가 다운되다
③ 下载 xiàzài 图 다운로드 하다
④ 软件 ruǎnjiàn 圐 소프트웨어
⑤ 重新 chóngxīn 囝 다시, 재차
⑥ 启动 qǐdòng 图 (컴퓨터의)프로그램을 열다

你能帮我修电脑吗？ (저를 도와) 컴퓨터 좀 수리해 줄 수 있나요?

\# 找东西 zhǎo dōngxi 물건을 찾다 　\# 提袋子 tí dàizi 봉지를 들다
\# 挑礼物 tiāo lǐwù 선물을 고르다 　\# 转告老师 zhuǎngào lǎoshī 선생님께 알리다

Part 13
5
手机坏了
핸드폰 고장

DATE   /

 들어보기 🔊 65

1 请听一遍课文!　　本문의 내용을 들어 봅시다.

2 课文的主题是什么?　본문의 주제는?

① 冰箱坏了　　　② 手机坏了　　　③ 洗衣机坏了

3 녹음을 듣고 주어진 단어가 들어있는지 확인해보세요.

	O	X
① 开机	☐	☐
② 坏	☐	☐
③ 掉	☐	☐
④ 维持	☐	☐

답 2. ② 3. O, O, X, X

160

본문 확인하기

我的手机开不了机了。
Wǒ de shǒujī kāi bu liǎo jī le.

什么时候坏的?
Shénme shíhou huài de?

刚才不小心摔了一下就这样了。
Gāngcái bù xiǎoxīn shuāi le yí xià jiù zhèyàng le.

你还是把手机送去维修吧。
Nǐ háishì bǎ shǒujī sòng qù wéixiū ba.

단어 익히기

① 开机 kāijī 동 기계를 켜다
② 坏 huài 형 고장 나다, 망가지다
③ 小心 xiǎoxīn 형 조심하다
④ 摔 shuāi 동 떨어뜨리다
⑤ 送 sòng 동 보내다
⑥ 维修 wéixiū 동 수리하다

手机什么时候坏的? 핸드폰이 언제 고장 났어요?

＃ 饭 fàn, 吃 chī 밥, 먹다
＃ 礼物 lǐwù, 买 mǎi 선물, 사다

＃ 信 xìn, 寄 jì 편지, 부치다
＃ 成绩 chéngjì, 公告 gōnggào 성적, 공고하다

본문해석

해설

01 周末计划
주말계획

1　　　　　　　　　　　　　　　　　　　P.9

女 : 주말에 보통 무엇을 하세요?

男 : 집에서 음악을 듣거나, 인터넷 하거나, 날씨가 좋으면 축구를 하러 가요.

女 : 그래요? 축구 할 줄 아세요?

男 : 당연하죠, 대학 다닐 때 학교 대표로 시합에 참가하기도 했어요!

2　　　　　　　　　　　　　　　　　　　P.11

男 : 곧 있으면 겨울방학인데, 특별한 계획 있어요?

女 : 우리 반은 아마도 조별로 다 같이 여행을 갈 거예요.

男 : 정말 좋네요. 어디로 갈 계획이에요?

女 : 우리들은 도대체 어디를 가야 좋을지 아직 상의 중이에요.

3　　　　　　　　　　　　　　　　　　　P.13

女 : 샤오리, 당신은 어떤 취미들이 있어요?

男 : 저는 운동하는 걸 좋아해요. 특히 테니스 치는 걸 좋아하고, 시간이 있을 때는 친구랑 함께 축구를 하기도 해요. 당신은요?

女 : 저는 햇볕 쬐는 걸 그다지 좋아하지 않아요, 그래서 운동을 안 좋아해요. 저는 책을 보거나, 영화 보는 걸 좋아해요.

男 : 저도 영화 보는 거 좋아해요. 다음번에 함께 가요.

4　　　　　　　　　　　　　　　　　　　P.15

女 : 당신 살 빠졌죠? 보기에 매우 건강해 보여요.

男 : 그래요? 저는 매일 출근하기 전에 한 시간씩 운동을 해요.

女 : 그럼 매일 일찍 일어난다는 건데, 당신 정말 대단하군요.

男 : 다 건강을 위한 거죠.

5　　　　　　　　　　　　　　　　　　　P.17

女 : 저 좀 기다려주세요, 진짜 못 올라가겠어요.

男 : 정말 힘이 없는 거예요?

女 : 우리 먼저 좀 쉬었다가, 잠시 후에 다시 올라가요.

男 : 곧 산 정상에 도착할 거예요.

02 日常话题
일상 대화 주제

1　　　　　　　　　　　　　　　　　　　P.21

女 : 나는 내 남자 친구가 키도 크고, 잘생기고, 거기에다 아주 유머 감각이 있었으면 해요.

男 : 저를 말하는 거지요?

女 : 당신 함부로 말하지 마세요.

男 : 전 단지 농담했을 뿐이에요. 화내지 마세요.

2　　　　　　　　　　　　　　　　　　　P.23

男 : 요즘 살이 많이 빠졌어요!

女 : 진짜 살이 빠졌나요? 저는 지금 다이어트 중이에요.

男 : 저는 당신 일이 너무 힘들다고 생각했어요.

女 : 아니에요. 제가 예전에 너무 뚱뚱했죠.

3　　　　　　　　　　　　　　　　　　　P.25

女 : 위험해요! 당신은 너무 급하게 운전해요.

男 : 알았어요. 알았어. 좀 천천히 운전할게요.

女 : 지금 바로 차 세우세요. 제가 운전할게요.

男 : 당신 왜 이래요? 여기는 마음대로 차를 세울 수 없는 곳이라고요.

4　　　　　　　　　　　　　　　　　　　P.27

女 : 저녁밥이 다 됐어요, 와서 드세요.

男 : 잠시 기다려줘요. 5분만 있으면 경기가 끝나요.

女 : 같이 먹어요. 음식이 식으면 맛이 없다고요.

男 : 당신 먼저 먹어요. 금방 끝나거든요.

5   P.29

女 : 그저께 영화 보러 갔었어요?

男 : 갑자기 영화가 보고 싶었어요. 그래서 퇴근 후에 혼자 보러 갔어요.

女 : 어땠어요? 재미있어요?

男 : 괜찮아요. 내 생각에는 재미가 있었어요. 시간 있으면 당신도 가서 보세요.

03 数字
숫자

1   P.33

女 : 바나나 한 근에 얼마예요?

男 : 한 근에 5원입니다. 얼마나 원하세요? 다른 것도 사시나요?

女 : 사과가 아주 신선해 보이는군요. 그럼 바나나 세 근, 사과 세 근 주세요.

男 : 알겠습니다. 모두 합쳐서 27원이에요.

2   P.35

女 : 지난번에 당신한테 전화했을 때 왜 안 받았어요?

男 : 언제 저한테 전화했어요? 저 전화번호 바뀌었어요.

女 : 왜 저한테는 알려주지 않죠? 새 번호가 어떻게 돼요?

男 : 제 새 번호는 18835572332예요. 화내지 말아요. 제가 너무 바빠서 깜빡했네요.

3   P.37

女 : 당신들 결혼 날짜는 정했나요?

男 : 정했어요. 6월 5일인데, 꼭 와야 해요.

女 : 저는 꼭 갈 수 있어요!

男 : 삼촌, 이모도 오시라고 했어요. 오랫동안 그분들을 뵙지 못했거든요.

4   P.39

女 : 슈퍼마켓이 몇 시에 문 닫아요?

男 : 평일엔 보통 9시에 문 닫아요.

女 : 15분 남았으니, 물건 좀 사러 갈게요.

男 : 어서 가보세요. 더 늦으면 문 닫아요.

5   P.41

女 : 상해는 정말 사랑스러운 도시예요!

男 : 저는 당신이 예전에 이곳을 싫어했던 거로 기억하고 있어요.

女 : 막 왔을 때는 정말 적응이 안 됐어요.

男 : 6년이 지나니 오히려 떠나고 싶어 하지 않는군요.

04 学校生活
학교 생활

1   P.45

男 : 중간에 저 빨간색 치마를 입으신 분은 누구세요?

女 : 모르세요? 저분은 새로 오신 선생님이에요.

男 : 엄청 젊어 보이네요, 나는 학생이라고 생각했어요.

女 : 당신이 한 말을 선생님이 듣는다면 아주 기뻐하실 거예요.

2   P.47

女 : 샤오리, 너는 왜 과제를 제출하지 않았니?

男 : 죄송해요. 내일 추가로 제출하겠습니다.

女 : 과제를 늦게 제출하면 너의 기말성적에 큰 영향이 있을 거야.

男 : 죄송합니다. 다시는 이런 일 없을 거예요.

3   P.49

女 : 왜 줄곧 시계를 보고 있어요?

男 : 수업이 빨리 끝났으면 좋겠어요.

女 : 무슨 중요한 일이라도 있어요?

男 : 아니요. 저는 이 과목에 흥미가 없어요.

해설

4   P.51

男 : 안녕하세요. 이 책을 빌리고 싶어요.

女 : 알겠습니다. 당신의 학생증을 보여주세요.

男 : 제가 얼마나 오래 빌릴 수 있나요?

女 : 이 책은 이미 예약한 사람이 있어서 단 이주일 동안만 빌릴 수 있습니다.

5   P.53

男 : 다리가 너무 아파요.

女 : 그래요? 어제 달리기 했어요?

男 : 아뇨, 학우들이랑 농구 하러 갔었어요.

女 : 그럼 전혀 이상하지 않네요. 당신은 오랫동안 운동을 안 했었잖아요.

05 生日
생일

1   P.57

女 : 내일모레가 당신의 생일이죠?

男 : 제 생일이요? 누구한테 들었어요?

女 : 샤오리가 그저게 알려주었어요. 당신 생일이 3월 10일이라고 말하더군요.

男 : 아니에요, 제 생일은 지난달 10일이었어요.

2   P.59

女 : 안녕하세요, 생일 케이크를 사고 싶은데요. 좀 작은 걸로 주세요.

男 : 보시기에 이 크기가 적당한가요?

女 : 좋아요. 케이크 위에 글귀 하나 써도 될까요?

男 : 네, "생일 축하합니다"라고 쓰실 수 있어요.

3   P.61

女 : 옷이 정말 예쁘네요, 어디서 산 거예요?

男 : 저도 모르겠어요. 내 생일 때 여자 친구가 저에게 선물해준 거예요.

女 : 여자 친구가 선물을 잘 고르네요.

男 : 사실 저도 그렇게 생각해요!

4   P.63

女 : 오늘은 당신 집이 어쩜 이렇게 깨끗해요?

男 : 그 말은 우리 집이 평소에는 더럽다는 거예요?

女 : 농담한 것뿐이에요.

男 : 오늘은 샤오리의 생일이에요. 우리는 여기에서 그에게 생일파티를 해주려고 합니다.

5   P.65

男 : 내일이 당신 생일이죠. 같이 식사해요, 내가 살게요.

女 : 지난번에도 사주셨는데, 너무 미안해요.

男 : 괜찮아요. 프랑스 요리 어때요?

女 : 그럼 비쌀 거예요. 그냥 우리 학교 근처에서 먹으면 돼요.

06 情感表达
감정표현

1   P.69

男 : 이 선생님, 사진 속의 인물이 당신의 딸인가요?

女 : 아니요, 그건 제 20년 전 사진이에요.

男 : 어쩐지 그렇게 당신과 닮아 보였어요. 지금도 여전히 똑같이 아름답네요.

女 : 당신 말을 참 잘하는군요!

2   P.71

女 : 무엇을 찾고 있나요?

男 : 제 차 키가 보이지 않아요.

女 : 조급하게 굴지 말고, 우선 키를 어디에서 잃어버렸는지 한번 생각해봐요.

男 : 방금까지도 탁자 위에 있었는데, 어째서 보이지 않는 거죠?

3   P.73

男 : 무슨 일이에요? 기분 안 좋아요?

女 : 제 남편이 최근에 늘 늦게 퇴근해요.

男 : 회사에서 일하면 다 이렇더라고요.

女 : 저도 알죠, 단지 그의 건강을 걱정하는 거예요.

4 P.75

男 : 죄송합니다, 제가 늦어서 오래 기다리게 했어요!

女 : 괜찮아요, 저도 방금 도착했어요.

男 : 오늘 은행에 사람이 정말 너무 많았어요.

女 : 진짜 괜찮아요, 저도 방금 서점을 지나가다 잠깐 들러서 구경 좀 하다가 이제야 오는 길이에요.

5 P.77

女 : 듣자 하니 샤오장이 다음 달에 결혼한대요.

男 : 그래요? 저는 어째서 그가 말하는 걸 듣지 못했죠?

女 : 그럴 리가요? 당신들은 절친한 친구 아닌가요?

男 : 그가 너무 의리가 없군요, 지금 바로 가서 그에게 물어봐야겠어요.

07 问题解决
문제해결

1 P.81

男 : 안녕하세요, 제 신용카드를 잃어버렸어요.

女 : 저에게 당신의 신분증을 보여주십시오.

男 : 분실신고를 하고 카드를 재발급받고 싶어요.

女 : 알겠습니다. 먼저 이 양식을 작성해주세요.

2 P.83

男 : 당신 방 청소할 때, 내 지갑 봤어요?

女 : 아뇨, 어디에 뒀어요?

男 : 탁상용 전등 옆에 두었는데.

女 : 다시 한번 찾아보세요. 저 검은 것인가요?

3 P.85

女 : 듣자 하니 이사했다면서요?

男 : 맞아요, 제가 예전에 살던 곳은 학교에서 너무 멀

었어요.

女 : 어쩐지 항상 늦더라고요.

男 : 그래서 좀 가까운 집을 찾고 싶었어요.

4 P.87

女 : 샤오리, 저 좀 도와서 이 물건 좀 들어주실래요? 고마워요!

男 : 쇼핑했어요? 이렇게나 많이 샀네요.

女 : 내일모레 출장 가야 해서요. 맞다, 저 좀 도와서 우리 강아지 좀 돌봐줄 수 있어요?

男 : 제가 고려 좀 해보고, 내일 다시 알려드릴게요.

5 P.89

女 : 안녕하세요, 무얼 도와드릴까요?

男 : 이 옷 좀 큰 것은 없나요? 이 옷은 제가 입기에 너무 작아요.

女 : 옷은 세탁하지 않으셨죠? 세탁 후에는 교환이 되지 않습니다.

男 : 아니요, 오전에 막 샀어요, 여기 영수증이요.

08 天气
날씨

1 P.93

女 : 듣자 하니 내일 오전에 아마 비가 내릴 거라던데요.

男 : 일기예보 확실해요?

女 : 지금까지는 확실했어요.

男 : 그럼 외출할 때 우산 가지고 가는 거 잊지 마세요.

2 P.95

女 : 오늘 그다지 춥지 않네요.

男 : 조금 추운 건 괜찮아요, 저는 그저 비가 올까 걱정이에요.

女 : 맞아요, 비가 오면 습하기도 하고 춥기도 해요.

男 : 게다가 비가 오기만 하면 제 관절이 아파요.

해설

3   P.97

女 : 오늘 왜 이렇게 두껍게 입으셨어요?

男 : 어제 옷을 너무 적게 입었더니, 오늘 감기에 걸렸기 때문이에요.

女 : 계절이 바뀔 때 기온의 변화가 커서 조심해야 해요.

男 : 당신도 주의하세요, 저처럼 감기 걸리지 마시고요.

4   P.99

女 : 비가 오니, 제법 시원해졌네요!

男 : 맞아요, 며칠 전에 정말 너무 더웠어요.

女 : 이틀 전 저녁에는 잠도 못 잘 정도로 더웠어요.

男 : 오늘은 드디어 잠을 잘 잘 수 있겠네요.

5   P.101

女 : 눈이 내려요! 보세요, 정말 아름다워요!

男 : 이번에 처음으로 눈을 보는 건가요?

女 : 맞아요, 우리나라는 일 년 사계절 더워서 눈이 내리지 않아요.

男 : 그럼 우리 밖에 나가서 눈사람을 만들어요.

09 地点场合
장소

1   P.105

男 : 오늘 국이 어째서 이렇게 짠가요?

女 : 죄송합니다, 제가 요리사에게 다시 만들어 달라고 하겠습니다.

男 : 게다가 제가 주문한 맥주는 왜 아직이죠?

女 : 죄송합니다, 맥주가 다 떨어져서요, 저희가 과일 주스를 서비스로 드려도 될까요?

2   P.107

女 : 안녕하세요, 무얼 도와드릴까요?

男 : 안녕하세요, 전 이미 방을 예약했습니다.

女 : 예약번호 가지고 있으신가요?

男 : 여기 있습니다. 그리고 이건 제 여권이에요.

3   P.109

女 : 이 표를 작성해 주십시오.

男 : 네, 3층에서 주사 맞는 거죠?

女 : 네, 이 표를 간호사에게 주세요.

男 : 알겠습니다. 주사를 다 맞고 어디로 가서 약을 수령해야 하는 거죠?

4   P.111

男 : 안녕하세요, 어디 가세요?

女 : 외대 가요. 저 시간이 좀 부족한데, 10분 안에 도착할 수 있을까요?

男 : 제가 가능한 한 빨리 운전해보겠습니다.

女 : 앞쪽에 있는 저 길에서 오른쪽으로 가시면 좀 빠르게 갈 수 있어요.

5   P.113

男 : 왜 아직도 귀가 안 하세요? 벌써 11시예요.

女 : 당신도 아직 여기 있는 거 아니에요?

男 : 방법이 없어요, 아직도 해야 할 일이 많아요.

女 : 저도요, 우리 서둘러 끝내고 가요.

10 旅游
여행하기

1   P.117

女 : 이번에 얼마 동안 출국하세요?

男 : 대략 2주 이상이 될 거 같아요.

女 : 그럼 당신은 옷을 몇 벌 더 준비해야겠네요.

男 : 짐이 너무 많아서, 좀 더 큰 여행 가방으로 바꿔야 해요.

2   P.119

女 : 오늘 주유해야 해요, 그렇죠?

男 : 나도 알아요, 걱정하지 말아요.

女 : 공항 가는 길에 주유소가 있나요?

男 : 있어요, 앞쪽에서 우회전하면 바로예요.

3　　　　　　　　　　　　　　　P.121

女 : 승객 여러분,

　　대단히 죄송합니다.

　　대설로 인해

　　CA867편이 지연될 예정입니다.

4　　　　　　　　　　　　　　　P.123

女 : 안녕하세요, 사진 좀 찍어 주실 수 있을까요?

男 : 당연하지요.

女 : 뒤쪽에 배가 나오게 찍어주실 수 있나요?

男 : 문제없습니다. 준비되셨나요? 김치~.

5　　　　　　　　　　　　　　　P.125

女 : 당신 돌아왔어요? 피곤하죠?

男 : 그럭저럭 괜찮아요. 비행기에서 잠을 푹 잤어요.

女 : 잘됐네요. 그건 뭐예요? 엄청 예뻐요.

男 : 이건 당신에게 주는 기념품이에요.

11 职场生活
직장생활

1　　　　　　　　　　　　　　　P.129

男 : 오늘 면접에서 샤오장의 성적이 가장 좋았습니다.

　　그는 경험도 있고, 자신감이 있는 데다가,

　　적응 능력이 아주 좋아서,

　　거의 결점이 없었기 때문입니다.

2　　　　　　　　　　　　　　　P.131

女 : 제가 보낸 팩스 보셨어요?

男 : 저한테 팩스 보내셨나요? 죄송합니다, 아직 받지
　　못했어요.

女 : 어제 분명히 받았어야 했는데.

男 : 제가 한번 볼게요! 죄송합니다, 종이가 떨어졌네

요, 다시 한번 보내주세요.

3　　　　　　　　　　　　　　　P.133

女 : 회의가 오후 두 시입니까?

男 : 변경됐어요. 한 시 반으로, 삼십 분 당겨졌어요.

女 : 네, 503 회의실은 변경사항 없죠?

男 : 변함없어요. 맞다, 이 서류를 복사 좀 해주세요.

4　　　　　　　　　　　　　　　P.135

女 : 요새 교통상황이 그다지 좋지 않은 것 같아요

男 : 맞아요, 항상 차가 막혀요

女 : 어림잡아 회사로 돌아가는데 한 시간 정도 걸리
　　죠?

男 : 비슷해요.

5　　　　　　　　　　　　　　　P.137

女 : 시장조사 보고는 어떻게 진행되고 있나요?

男 : 현재 매우 순조롭게 진행되고 있습니다

女 : 앞당겨서 완성할 수 있을까요?

男 : 문제 없어요, 주말에 책임지고 완성하겠습니다.

12 话题和活动
화제와 활동

1　　　　　　　　　　　　　　　P.141

女 : 중국어를 배운지 2년이 넘었는데, 수준이 여전히
　　높지 않아요.

男 : 그래요? 제 생각에는 당신이 중국어를 아주 잘하
　　는 것 같은데요!

女 : 칭찬하지 마세요!

男 : 언어를 배울 때는 조급해하면 안 돼요. 많이 듣
　　고, 많이 보고, 많이 말하고, 많이 읽으면 그게 맞
　　는 거예요.

2　　　　　　　　　　　　　　　P.143

男 : 최근에 어떤 재미있는 소설이 있나요?

女 : 제가 최근에 본 건 러브스토리에요.

男 : 여자들은 이런 종류를 보길 좋아하네요.

女 : 이 소설은 달라요, 정말 사람을 감동시키는 이야기예요!

3　　　　　　　　　　　　　　　　　　P.145

男 : 내일 우리 함께 수영 가는 게 어때요?

女 : 저는 오전에 진료받으러 가야 해요, 다녀와서 전화 줄게요.

男 : 무슨 일이에요? 어디 불편해요?

女 : 아니요, 그냥 정기 건강검진이에요.

4　　　　　　　　　　　　　　　　　　P.147

女 : 어째서 아직도 도착하지 않았죠? 지도 좀 봐봐요.

男 : 저도 이렇게 멀 거라고 생각도 못 했어요

女 : 우리 그냥 택시 탑시다!

男 : 곧 도착할 거예요, 좀 더 걸어봅시다, 도착하면 제가 아이스크림 사줄게요.

5　　　　　　　　　　　　　　　　　　P.149

女 : 왕 사장님, 안녕하세요, 오랜만입니다.

男 : 정말 우연이네요! 당신도 결혼식에 참석하러 오셨습니까?

女 : 맞아요, 우리 어서 들어가죠, 곧 시작할 거예요.

男 : 숙녀가 먼저죠, 당신부터 들어가시죠.

13 电子产品
전자제품

1　　　　　　　　　　　　　　　　　　P.153

男 : 컴퓨터가 사람들에게 미치는 영향이 매우 커요!

女 : 맞아요, 컴퓨터가 있어야만 집에서 일도 하고, 인터넷도 할 수 있어요.

男 : 저는 컴퓨터가 없는 생활을 상상할 수 없어요.

女 : 저도 동감해요.

2　　　　　　　　　　　　　　　　　　P.155

男 : 너 계속 핸드폰만 보지 말고, 어서 밥 먹어라!

女 : 아빠, 저는 지금 공부 중이에요.

男 : 참나, 하루 종일 핸드폰을 떠나지 못하는구나.

女 : 이건 현대인의 생활 방식이라고요!

3　　　　　　　　　　　　　　　　　　P.157

女 : 어쩌죠, 컴퓨터 비밀번호를 잊어버렸어요.

男 : 당신의 생일로 한번 시도해 봐요.

女 : 비밀번호가 틀렸어요, 여전히 안 돼요.

男 : 조급해하지 말아요, 비밀번호를 변경하면 그만이에요.

4　　　　　　　　　　　　　　　　　　P.159

男 : 제 컴퓨터에 문제가 있어요, 컴퓨터 좀 수리해 줄 수 있나요?

女 : 컴퓨터가 다운된 것 같군요, 자주 이래요?

男 : 아뇨, 방금 자료 하나를 다운로드하는데 이렇게 됐어요.

女 : 그러면 전원을 켜고 다시 한번 해 보세요.

5　　　　　　　　　　　　　　　　　　P.161

男 : 제 핸드폰이 켜지질 않아요.

女 : 언제 고장 났어요?

男 : 방금 조심하지 못해서 떨어뜨리고 난 후 이렇게 됐어요.

女 : 아무래도 핸드폰을 수리하러 보내야겠군요.

원종민

한국외국어대학교 중국어과 학사
한국외국어대학교 대학원 중어중문과 석사
국립대만사범대학 국문연구소 박사
사이버한국외국어대학교 중국어학부 교수
저서 : 『기초를 다져주는 핵심중국어 문법』, 『초급중국어강독』,
『호텔리어중국어』(공저), 『생활중국어』(공저)외 다수

장린자(張玲嘉)

대만 타이페이시립교육대학교 유아교육과 학사
대만국립사범대학교 중국어교육학과 석사
서울대학교 인문대학 중어중문학과 박사과정
사이버한국외국어대학교 중국어학부 조교수
저서 : 『AUTHENTIC 생생중국어』, 『호텔리어중국어』(공저), 『시뮬
레이션 비즈니스 중국어』

HSK听力汉语会话

HSK듣기
중국어 회화

초판1쇄 / 2020년 7월 20일

저자 / 원종민, 장린자

발행인 / 이기선

발행처 / 제이플러스

주소 / 121-824 서울시 마포구 월드컵로 31길 62

영업부 / 02-332-8320 편집부 / 02-3142-2520

홈페이지 / www.jplus114.com

등록번호 / 제 10-1680호

등록일자 / 1998년 12월 9일

ISBN / 979-11-5601-136-1(13720)

＊파본은 구입하신 서점이나 본사에서 바꾸어 드립니다.

＊책에 대한 의견, 출판 희망 도서가 있으시면 홈페이지에 글을 남겨 주세요.